Julius Wilhelm Determann

Epische Verwandtschaften im altfranzösischen Volksepos

Julius Wilhelm Determann

Epische Verwandtschaften im altfranzösischen Volksepos

ISBN/EAN: 9783743468009

Hergestellt in Europa, USA, Kanada, Australien, Japan

Cover: Foto ©Thomas Meinert / pixelio.de

Manufactured and distributed by brebook publishing software
(www.brebook.com)

Julius Wilhelm Determann

Epische Verwandtschaften im altfranzösischen Volksepos

Epische Verwandtschaften

im

altfranzösischen Völksepos.

———

Inaugural-Dissertation

zur

Erlangung der philosophischen Doctorwürde

an der

Georg - Augusts - Universität

zu Göttingen

von

Julius Wilhelm Determann.

Burg.

Druck von A. Hopfer.

1887.

Seinem

hochverehrten Lehrer, Herrn Professor Vollmöller,

in Dankbarkeit gewidmet

vom

Verfasser.

Texte.

I. La Geste du Roi.

1. **Berte** = Berte aus grans piés, ed. A. Scheler, Brüssel 1874.
2. **Berta** = Berta de li gran pié, ed. Mussafia Romania III und IV.
3. **Main.** = Mainet, ed. G. Paris Romania IV.
4. **Agol.** = Agolant, ed. J. Bekker in: der provenzalische Ferabras, Berlin 1829. Einleitung S. LIII. u. f.
5. **Aspr.** = Aspremont, Hist. litt. XXII 311.
6. **Fier.** = Fierabras, p. p. A. Krœber et G. Servois, Paris 1860. (Anc. poètes de la France.)
7. **Ot.** = Otinel, p. p. F. Guessard et H. Michelant, Paris 1859. (Anc. poètes de la France.)
8. **GBourg.** = Gui de Bourgogne, p. p. F. Guessard et H. Michelant, Paris 1859. (Anc. poètes de la France.)
9. **Rol. O.** = La Chanson de Roland (Oxforder Text), ed. Léon Gautier. 12. Auflage, Tours 1883.
10. **Rol. V. IV.** = La Chanson de Roland. Genauer Abdruck der Venetianer Handschrift, besorgt von Eugen Kölbing, Heilbronn 1877.
11. **Rol. V. VII.** = Das altfranzösische Rolandslied, Text von Chateauroux und Venedig VII, ed. W. Foerster, Heilbronn 1883. (Altfranzösische Bibliothek, VI.)
12. **Rol. P.** = Das altfranzösische Rolandslied, Text von Paris, Cambridge, Lyon u. s. w., ed. W. Foerster, Heilbronn 1886. (Altfranzösische Bibliothek, VII.)

13. **Orl.** = Orlando, die Vorlage zu Pulci's Morgante von Joh. Hübscher, Marburg 1886.
14. **Gayd.** = Gaydon, p. p. F. Guessard et S. Luce, Paris 1862. (Anc. poètes de la France.)
15. **Aquin** = Le Roman d'Aquin ou la conqueste de la Bretaigne par le roy Charlemaigne. Chanson de geste du XII° siècle. p. p. F. Joüon des Longrais, Nantes 1880.
16. **KarlsR.** = Karls des Grossen Reise nach Jerusalem und Konstantinopel, ed. E. Koschwitz. 2. Auflage, Heilbronn 1883. (Altfranzösische Bibliothek, II.)
17. **Sax.** = La Chanson des Saxons, ed. Fr. Michel, Paris 1839. (Romans des douze Pairs de France 5 u. 6.)
18. **HBord.** = Huon de Bordeaux, p. p. F. Guessard et C. Grandmaison, Paris 1860. (Anc. poètes de la France.)
19. **Mac.** = Macaire, p. p. F. Guessard, Paris 1866. (Anc. poètes de la France.)

II. La Geste de Guillaume d'Orange.

20. **GarM.** = Garin de Montglane, Hist. litt. XXII 439.
21. **Gir.** = Girart de Viane, Hist. litt. XXII 449.
22. **Aim.** = Aimeri de Narbonne, Hist. litt. XXII 461.
23. **CorL.** = Li Coronemens Looys (Edition de Guillaume d'Orange p. Jonckbloet, La Haye 1854.)
24. **ChNym.** = Li Charrois de Nymes. (In derselben Ausgabe.)
25. **PrOr.** = La Prise d'Orange. (Ebenfalls.)
26. **CovViv.** = Li Covenans Vivien. (Ebenfalls.)
27. **Alesch.** = La Bataille d'Aleschans. (Ebenfalls.)
28. **BComm.** = Beuves de Commarchis, ed. Scheler, Brüssel 1874.
29. **MAim.** = La Mort d'Aimeri de Narbonne, ed. J. Couraye du Parc, Paris 1884. (Société des anciens textes français.)
30. **MGuill.** = Li Moniages Guillaume, ed. K. Hofmann. Über ein Fragment des Guillaume d'Orange. München 1851. (Abhandlungen der philos.-philolog. Klasse der königlich bairischen Akademie der Wissenschaften. I Kl. VI Bd. III Abth.)

31. **EnfG.** = Les Enfances Guillaume, Hist. litt. XXII.
32. **GuibA.** = Guibert d'Andrenas, Hist. litt. XXII.
33. **EnfViv.** = Enfances Vivien, Hist. litt. XXII.

III. La Geste de Doon de Maïance.

34. **Doon** = Doon de Maiance, p. p. Pey, Paris 1859. (Anc. poètes de la France.)
35. **Gaufr.** = Gaufrey, p. p. F. Guessard et P. Chabaille, Paris 1859. (Anc. poètes de la France.)
36. **ChOg.** = La Chevalerie Ogier de Danemarche, ed. J. Barrois, Paris 1842. (Romans des douze Pairs 8 u. 9.)
37. **EnfOg.** = Les Enfances Ogier, ed. Scheler, Brüssel 1874.
38. **Aye** = Aye d'Avignon, p. p. F. Guessard et P. Meyer. Paris 1861. (Anc. poètes de la France.)
39. **GNant.** = Gui de Nanteuil, p. p. P. Meyer. Paris 1861. (Anc. poètes de la France.)
40. **Par.** = Parise la Duchesse, p. p. A. Krœber et G. Servois. Paris 1860. (Anc. poètes de la France.)
41. **RMont.** = Renaus de Montauban, ed. H. Michelant, Stuttgart 1862. (Bibl. des litter. Vereins in Stuttgart. LXVII.)
42. **RMont. O.** = Renaud de Montauban (Oxforder Renaushandschrift Ms. Hatton. 42. Bodl. 59. u. s. w. v. Dr. Matthes, Jahrbuch für rom. und engl. Sprache u. Litteratur. Bd. XV, Leipzig 1876.)
43. **Uggeri li Danese** nella letteratura romanzesca degl'Italiani P. Rajna (Romania II 153—169, III 31—77, IV 398—436.)

IV. Cycle de la Croisade.

44. **Jer.** = La Conquête de Jérusalem, p. p. Hippeau, Paris 1868.
45. **Ant.** = La Chanson d'Antioche, p. p. P. Paris, Paris 1848.
46. **Le Chevalier au Cygne**, Histoire littéraire XXII 350—395.

V. Gestes provinciales.

a. Geste der Lothringer.

47. **Hervis** (H. L.) = Hervis de Metz (Histoire littéraire XXII 587—604.)

48. **Gar.** = Li Romans de Garin le Loherain, ed. P. Paris, Paris 1833. (Romans des douze Pairs 2 u. 3.)

49. **Girb.** = Girbers de Metz, ed. Stengel (Roman. Stud. I 441 ff.)

50. **Anséis**, fils du Roi Girbert (Histoire littéraire XXII 633—643.)

b. pikardische Geste.

51. **RaoulC.** bezw. **RaoulC.** hs. **Girb.** = Raoul de Cambrai, p. p. P. Meyer et A. Longnon, Paris 1882. (Société des anciens Textes français.)

52. **Gorm.** = Gormund et Isembart, ed. Heiligbrodt (Rom. Stud. III.)

c. burgundische Geste.

53. **Aubery** = Le Roman d'Aubery le Bourgoing, p. p. Tarbé, Reims 1849. (Poètes Champenois, Vol. 7.)

54. **Aubri** = Aubri li Borgonnon, in: Der Roman von Ferabras, ed. J. Bekker, Berlin 1829. Einleitung S. LXVI.

55. **Auberis** = Auberis li Borgignons, in: Keller, Romvart, S. 203—243.

56. **Auberi** = Auberi le Borgoing, in: Tobler, altfranzösische Handschriften I, Leipzig 1870.

d. la petite Geste de Blaives.

57. **AetA.** bezw. **Jourd.** = Amis et Amiles et Jourdain de Blaivies, zwei altfranzösische Heldengedichte des kerlingischen Sagenkreises, ed. K. Hofmann. 2. Auflage. Erlangen 1882.

e. la petite Geste de Saint-Gilles.

58. **Aiol** bezw. **Elie** = Aiol und Elie de Saint Gille, ed. W. Foerster, Heilbronn 1876.

f. gestes diverses.

59. F l o o v. = Floovant, p. p. F. Guessard et H. Michelant, Paris 1859. (Anc. poètes de la France.)
60. S y r. = Syracon, ed. Stengel, Fragment. (Rom. Stud. I 401.)
61. H C a p. = Hugues Capet, p. p. Guessard, Paris 1864. (Anc. poètes de la France.)
62. Rainouart, Hist. litt. XXII 529, Bataille de Loquifer XXII 532, Renier XXII 542, Foulque de Candie XXII 544, Horn XXII 551, Jehan de Lanson XXII 568, Maugis d'Aigremont XXII 700, Cléomadès XX 710.

Einleitung.

Es ist leicht erklärlich, dass Karl der Grosse der glänzende Mittelpunkt seines ganzen Zeitalters wurde. Der Ruhm seiner glorreichen Siege und Heldentaten wuchs von Jahr zu Jahr, so dass sich um ihn, wie um die Person eines Attila oder Theodorich, ein vollständiger Sagenkreis bildete, der durch die übertreibende Phantasie eines poetischen Volksgeistes mehr und mehr sich erweiterte. Dabei wurden durch die Verbreitung des Christentums die Kämpfe und Siege ausnahmslos zu Unternehmungen gegen die Sarazenen gemacht. Die Person Karls des Grossen wurde episch.

An die ersten Epen, deren Gegenstand einzelne Figuren oder eine einzelne Tat waren, reihten sich bald eine ausserordentlich grosse Anzahl von anderen Epen, wobei es natürlich war, dass sehr bald immer neue Helden und neue Siege der Phantasie der Dichter Nahrung gaben. Nach und nach entstanden drei grosse Kreise von Epen (Cyklen), [1]) als deren Stammväter von den Dichtern Pipin resp. Karl der Grosse, Garin de Montglane und Doon de Maïance angegeben werden. [2]) Die Hauptfiguren der drei Kreise sind jedoch Karl, Guillaume d'Orange und Renaud de Montauban, sie bilden die Mittel-

---

[1]) Vgl. Gautier, Epopées I 122: Un cycle, c'est un groupe de poëtes et de poëmes faisant cercle autour d'un événement d'un héros ou d'une famille considérable.

[2]) Vgl. Doon, v. 1—8; S. 162, v. 5372—82; S. 163: Es gab nur drei „Gestes", die von Pipin, Garin de Monglane und Doon de Maiance. Doon erzählt seinem Vater: Als Karl, Garin und ich zur Welt kamen, wurden Himmel und Erde bewegt, die Erde erzitterte in ihren Grundvesten, und selbst die Tapfersten wurden eingeschüchtert. Gott sandte uns auf die Erde, damit wir seine Grösse auf der Erde verherrlichen und die Ungläubigen bekriegen sollten.

punkte, um welche sich alles gruppirt. An diese drei grösseren
Cyklen schloss sich eine Reihe von kleineren an, welche die
Dichter mit den grösseren zu verbinden strebten. [1]) Fast
überall in den Epen ist eine historische Grundlage zu erkennen, doch sind eben die Personen und Ereignisse oft sehr
entstellt und übertrieben. Durch das Bestreben, ihre Helden
und die hervortretenden Personen mit den grösseren Familien
zu vereinigen, durch das oft rein willkürliche Anschliessen der
Personen an einander, durch Angabe erdichteter Verwandtschaftsverhältnisse entfernten sich die Dichter immer mehr
von der historischen Grundlage und schufen somit eine epische
Verwandtschaft.
 In der Angabe der verwandtschaftlichen Beziehungen
lassen sich gewisse Grundprincipien nicht verkennen. Will
der Dichter eine besondere Persönlichkeit an eine Familie
anschliessen, so greift er gewöhnlich die in dieser Familie am
meisten hervortretende Person heraus, um zu ihr seinen
Helden in Beziehung zu bringen. Durchweg beliebte Bezeich-
nungen zu diesem Zwecke sind *cosins* oder *niés*, weniger *oncles*,
was alles sehr häufig nichts anderes als *parent* besagt. Doch
auch in solchen Fällen, wo dem Dichter der Verwandtschaftsgrad zweier Personen ganz genau bekannt war, finden wir
nicht selten *cosins* und *niés* als ganz willkürliche Ausdrücke,
die nur die Verwandtschaft überhaupt angeben sollen. Ein
besonders hervortretender Fall stellt dies klar dar:

> Savaris] .ll. traitors a mors en trespassant,
> C'est Hardoyn et son pere Morant
> Si couzin furent et si apertenant. (Gayd. 4521.)

Hier also werden der Vater und der Sohn zusammen die
couzin eines dritten genannt. Ein anderer Fall ist Par. S. 30,

---

[1]) Vgl. Histoire littéraire XXII 261: Toutes les grandes familles
françaises prétendaient à l'honneur plus ou moins exclusif d'être de
vieille souche guerrière (de bonne aire, ou de bonne orine); toutes ren-
voyaient à leurs adversaires le blâme d'appartenir à la race d'Hardré,
de Garlain, de Ganelon, traîtres immortalisés dans les grandes gestes.
Ainsi, les préjugés de l'habitude faisaient à chaque feudataire une loi
d'entretenir à ses gages un ou plusieurs hérauts pour conserver, conti-
nuer et renouveler les chansons de geste favorables à sa gloire domestique.

wo Gontagles *cosin Ganelon Berenger et Hardré* genannt wird, obschon Ganelon der Vater des Berenger ist. RMont. 46₃ redet Renaus seinen Onkel Dordone *cozin* an. Vgl. zu dieser Sache noch: RMont. 98₄. 120₈. 424₃₄; Gayd. 4173; Floov. S. 43; Alesch. 6669. 6722; Auberi 66; Girb. 472; Aye S. 29; Gar. I 55.

Auch die Bezeichnung *cuisin germain* ist nicht immer eine genaue. Vgl. Girb. 536:

> Et dans Gibers et si germain cuisin,
> Rigaus li fel et ces peires Heruis.

Vgl. auch Par. S. 9 und sonst oft.

Häufiger noch bezeichnen die Dichter den Verwandtschaftsgrad durch *niés* (seltener *neveu*). Wirkliche Vettern reden sich oft *niés* an (wie überhaupt in der Anrede mit Vorliebe *niés* angewandt wird). Alesch. 131 sagt Viviens zu seinem Vetter Bertran: *Non aurez, niés,* 327 dagegen sagt er zu demselben: *sire cosin.* Umgekehrt sagt auch Bertran zu Vivien: *niés.* (Alesch. 139. 154. 168 . . .). Auch sonst werden *cosins* und *niés* oft verwechselt. Vgl. Alesch. 303 bis 304; MAim. 157. 481; Par. S. 12: *Herdrez oncles Beranger,* S. 56: *Berangers et ses cosins Herdrez,* S. 85: *Berangers il et Herdrez ses nes;* Fier. S. 69; Agol. 20. 111; RMont. 424₃₃; Girb. 530; RaoulC. 293. 305 . . . : *Raoul de Cambrai, neveu du roi Loeys,* 475: *cousin du roi Loeys;* Gar. I, 107. 150; CovViv. 385—86, 440—41.

GNant. S. 8 sagt Amalgré zu Hervieu:

> En Guenelon nostre oncle ot moult bon chevalier,

was auch nur ausdrücken soll, dass sie und Ganelon derselben Abstammung sind. In einigen Fällen wird sogar das Verhältnis der Enkel zu den Grosseltern durch *niés* resp. *nièce* ausgedrückt. Vgl. BComm. 3322—23:

> Malaquins de Tudele, sire, m'apele on;
> Hom sui à Malatrie, la niece Rubion,

BComm. 60: Gerart und Guiélin, die Neffen des Aymeri de Narbonne.

Andererseits sind die Dichter wiederum ganz genau in ihren Angaben und *niés* oder *neveu* heisst in solchen Fällen der wirkliche Neffe, so wird Roland stets als der Neffe Karls des Grossen angegeben. Vgl. auch HBord. S 20, wo der abé de Cluigni zu Huon sagt:

Savins vos peres fu mes germains cousins;

er nennt Hugo S. 21: niés. Ebenso werden die Neffen des Guillaumes d'Orenge, Guielin, Bertrans und Viviens in den meisten Fällen niés Guillaume genannt.

Beliebt ist auch ein anderer, ganz bestimmter Ausdruck, um das Verhältnis des Neffen zum Onkel zu bezeichnen, nämlich fiz sa seror. Z. B. Gayd. 8222:

Guis de Belin fiert Ansel de Tubie
Niés fu Hardré, fiz sa seror Marie.

Vgl. dazu auch: Alesch. 294. 5376; Fier. S. 99.

Die in der Anrede sehr gebräuchliche Bezeichnung frere ist wohl auf den Einfluss des Christentums zurückzuführen. Es ist ein Zeichen gewisser Huld, wenn der König seine Untergebenen frere anredet. In vertraulichem Gespräch und meistens dann, wenn der eine vom anderen einen Dienst oder eine Gefälligkeit erwartet oder erbittet, ist die Anrede frere gewöhnlich. Fast durchweg werden die Boten aller Art frere angeredet. In vielen Fällen setzt der Dichter bekanntlich zu dem frere in der Anrede biaus oder amins biaus hinzu. Vgl. Jourd. 1867. 2025. 2035. 3703. 3757; Gar. S. 211. II. S. 154. I. 269; HBord. S. 91; HCap. 210—211; Alesch. 2607; Auberi 47 22. 110 29. 155 21. 244 0; RMont. 267 15; Aye S. 77; CorL. 1776. 2433.

Hin und wieder reden sich auch Christen und Heiden unter einander frere an (MAim. 2049—50). Gar. II 101 sagt Begues zu seinem Vetter Menuel: freres. Als besonderer Fall ist auch noch zu erwähnen Gar. I 159, wo Fromondin in einem Gespräch mit Bauduin le Flamenc, dessen Schwester seine Mutter ist, sagt: Nos somes frères.

Nicht selten kommt es ferner vor, dass ein Ritter seine Geliebte, ja sogar seine Gemalin suer anredet, meistens wird dann der Ausdruck suer douce amie gebraucht. (Vgl. z. B. Alesch. 467, wo wir Guillaume sprechen hören:

Dame Guibor, douce suer, bele amie).

Wir sehen also daraus, dass die Bedeutung von *frere*
und *suer* sehr abgeschwächt ist.

Vereinzelt steht die Verwechselung von *fiex* und *niés* da in
Jer. 3983. 3990, wo Macabres den Cornumerans einmal *fiex*, das
andere Mal *niés* anredet, doch ist hierbei leicht erklärlich, dass
Macabres seinen Neffen in vertraulicher Anrede *fiex* nennt.

Ein nahes Verwandtschaftsverhältnis ist die Patenschaft;
sie wird gewöhnlich durch *parrin (marrin)* und *filleul* angegeben. (Vergleiche über diese Verwandtschaft Romanische
Forschungen I 138.)

Im folgenden werde ich versuchen, sämmtliche in den
Epen gegebenen Verwandtschafts-Verhältnisse nach den drei
Hauptcyklen zusammenzustellen und daran anschliessend die
kleineren Kreise zu behandeln. Was die dritte grosse Geste
anbetrifft, so habe ich mich in Bezug auf das Geschlecht
Ganelon's in meinen Ausführungen auf das hauptsächlichste
beschränkt, denn einerseits hat diese Familie, nachdem ich
mit meiner Arbeit schon beschäftigt war, eine eingehende
Behandlung gefunden von Sauerland in dem kürzlich erschie-
nenen einundfünfzigsten Hefte der Ausgaben und Abhandlungen (s. später), andererseits aber ist aus allen Angaben
der Epen kein bestimmter allgemeiner Zusammenhang zu
ersehen. Die Dichter schufen neue Personen und bemühten
sich, dieselben zu dem Urtypus der Verräter, Ganelon, in
irgendwelche Beziehung zu bringen, indem sie häufig bei der
Angabe einer Verwandtschaft gar kein bestimmtes Verhältnis
im Auge hatten.

Der grösseren Vollständigkeit wegen werde ich jedoch
alle Personen, die mit dem Geschlechte Ganelons in irgend-
welchem Zusammenhang stehen, im Namenverzeichnis aufführen
und zu gleicher Zeit auf die Arbeit von Sauerland verweisen.

Herrn Professor V o l l m ö l l e r, welcher mich zu dieser
Arbeit anregte und mich mit seinem Rat bei der Entwicke-
lung der Arbeit mit grösster Bereitwilligkeit unterstützte,
spreche ich meinen herzlichsten Dank aus.

I. La Geste du Roi.

In der Königsfamilie erblicken wir, wie schon in der Einleitung hervorgehoben wurde, Karl den Grossen als Mittelpunkt; wir begegnen ihm in der weitaus grösseren Anzahl der Volksepen, und ein ganzer Cyklus von Epen ist nach ihm benannt: Der Cyklus Karls des Grossen (Karolinger-Geste), oder gewöhnlich genannt: La Geste du Roi. Dieser Familie der Karolinger stehen gegenüber die Merowinger, welche einen besonderen Kreis bilden, die jedoch nur in einigen Epen eine Rolle spielen. Über dieses Königsgeschlecht vgl. A. Darmesteter: De Floovante vetustiore Gallico Poemate, Paris 1877, S. 89—113, wo dasselbe ausführlich behandelt ist. Vgl. auch Gautier, Epopées françaises I 13—16.

Das wenige, was über Floovant und die Familie desselben in den Epen erwähnt ist, will ich in folgendem kurz angeben:

a. Merowinger - Geste.

Cloovis [1]) hatte vier Kinder, deren ältestes Floovain (Floevant) [2]) war (Floov. S. 2. 45; Sax. III 2—6; Syr. 39). Der Name eines anderen Sohnes ist Geté, das ist derselbe, so erzählt der Dichter, welcher später so viel Schmerz und Schmach über Frankreich brachte (Floov. S. 76). Aaliz, [3]) die Tochter des Clodoïs, heiratete den Sachsen Brunamont (Sax. III 2—6. vgl. Gautier, Epopées II 493: daher ent-

---

[1]) Clodoïs, Clodoï, Clodoveil, Clodove, Cloevis, Clovis.

[2]) Floovant hatte zur Gemalin die Maugalie, die Tochter des Galienz. S. später.

[3]) s. Sax. S. 6, Anm. 1: Heloiz, ms. R.; Heluis, ms. A.

standen viele Kriege.) In Syr. ist Clodove *buen cosin giermain* des Syracon (Syr. 38. 88), dessen Mutter Seraine hiess und welcher die Tochter des Königs von Indien zur Gemalin hatte (Syr. 145).

b. Karolinger - Geste.

Im vierten Kapitel der Sax. erfahren wir nun, dass ein König von Frankreich ohne Erben starb, und die Franzosen einen anderen König wählten, Garin le Pohyer, nachdem Jofroi de Paris Reichsverweser gewesen war. Sie hatten, sagt der Dichter, einen edlen und tapferen Ritter erwählt, aber derselbe hatte von seiner anmutigen Gemalin keinen Erben. Einen solchen erhielt Garin von der Tochter eines Kuhhirten. Man nannte ihn Anséys. Dieser war der Vater des Pipin, der Justamont, den Sachsen, tötete. Guiteclins wollte dann den Tod seines Vaters an Karl rächen. Sax. S. 165—66 Kap. XCVII lesen wir einen ebenfalls hierauf bezüglichen Passus,[1] wo der Name Garins de Baviere statt Garin le Pohyer angegeben ist. In keinem anderen Epos finden wir die Verwandtschaft in der Königsfamilie in dieser

[1] François, ce dist li Saisne, i. rien te devis:
Morz fu Karles li Chaus qi l'ampire ot conqis,
Après Karles Martiax qi tant fu mal pansis;
Ne remest oirs en France ne an qint ne an sis;
x. ans laisserent France à Joifroi de Paris.
Qant Garins de Baviere fu do roiaume eslis,

Fame avoit bele et sage; maiz ainz n'an fu oirs vis;
Cil ot une vachiere qi molt ot cler le vis:
Basse chose ert assez; mès li cuens fu gentis.
Puis fu li suens lignages de chevax franchis.
Por la biauté de li fu Garins ses amis:
O li jut une nuit, si an fist ses delis;

De lui fu angenrez li forz rois Anseys,
Qui puis ocist Broier, dom ancor nos est pis.
D'Anseys fu Pepins, qi proz fu et gentis;
Et de l'epin fu Karles, qi nos a anvaïs.
Qui son parage conte, assez est de bas pris!
„Saisne, dist Karlemaines, qi t'an a tant apris?"

Weise episch dargestellt, sondern immer ist Karl der Grosse der Sohn Pipins und der Enkel des Karl Martell. Karl Martell (Karles Martiaux, Charles Martiaus, Charle Martiau u. s. w.) hatte drei Söhne: Carlemans (Berte 40), Charles (Gar. S. 3. vgl. Sax. 97 ₂: Karles li Chaus) und Pepin (Berta 43, Gar. I, 43. 53 u. s. w.) und eine Tochter (vgl. Gar. S. 2). Nach Auberi war auch eine Tochter Karl Martells und Schwester Pipins (147): Guiborc¹) (Gibort, Giborga²), die Gemalin des Königs Ouri. ³) (Auberi 7, ₁₄. 46, ₃₁. 81, ₂₃. 138. 145, ₅. 147, ₇₋₁₀. 160, ₁₉₋₂₀. 212, ₁₂₋₁₃. 172, ₁₃₋₁₅; Aubery 26. 40. 44. 33—36; roi Auri, li rois Auris: Aubri 2. 33—34. 73; Auberis 237, ₂₆₋₂₇. 242, ₂₅₋₂₇), vgl. später. Die Kinder derselben waren Congré und Malassis (Auberis 237, ₈₋₁₀. Ouri sagt: Ich habe zwei Söhne *congre et mal assis* einem ihrer Onkel, welcher ihr Freund ist, übergeben), und deren Schwester Seneheut — s. Anm. 3 unten — (Sonneheut; vgl. Geste bourgignonne). Guiborc wurde späterhin die Gemalin des Auberi (Auberi S. 3. 54, ₁. 81, ₁₅; vgl. Geste bourgignonne; — 4, ₂₈₋₂₉. 10, ₈. 13, ₂₋₃). Der Onkel des Congre und

---

¹) Zu Guibourc giebt Tarbé S. 176 seiner Ausgabe folgende Bemerkung: C'est par erreur du ms. que nous avons suivi, que la reine de Bavière est qualifiée de sœur du roi Charles Martel, S. 44 Cette faute n'a pas été commise par le scribe du ms. Baluze. On y lit:

Ça fet la fille du roi Karles Martel.

Cette leçon est conforme aux données du poème qui présente toujours Pépin le Bref comme beau-frère d'Orry: Dans le ms. consulté par M. Bekker, Guibourc est nommée Gisborc; ce nom doit représenter celui de Gerberge. — s. Agol. 33—34.

²) Vgl. Rol. P. und Rol. V. IV (260. T. L. P. und 4765), wo Gibort die Aude *niece (neçe)* und einmal *seur* anredet.

³) Aubery 64 sagt Auberi zu Lambert über Sonneheut, die Tochter der Guiborc (vgl. oben zu Sonneheut):

Fille est au Roi, sé l'estoire ne ment.
Nièce Pépin qui douce France apent.
Ma fillastre est; si l'aim durement.

Vgl. Aubery 150. — Vgl. Tarbé S. 184. Über die Mutter des Ouri: La 3ᵉ fille de Hervi, duc de Metz, et par suite il se trouve cousin germain du Borgoing Aubery. In Aubery ist die Verwandtschaft nicht erwähnt.

des Malassis ist Benselin (3, 19). Auberi 17, 25–27 sagt Auberi, welcher Congre und Malassis getötet hat:

Se uois en France,   la serai i'ai ocis.
Car trop me het   li rois de Saint Denis;
Si neueu erent   cil dui que i'ai ocis.

Gar. S. 2 finden sich einige Verse, in denen von Verwandten Karl Martells gesprochen wird:

Ne regardoit son frère ne son fil,
Ne ses parens, ne ses germains cosins; und weiter:
N'en avoit riens la fille ne li fils.

S. 17 wird erwähnt die Gemalin Karl Martells *(la roïne et Pepinet ses fils)*.

Mit Karl Martell verwandt war ein gewisser Milon, der Vater der Aelis und Beatrix, welche Garin le Loherain und Begon de Belin heirateten (s. Geste des Lorrains).

Pipins Gemalin war Berte la debonaire, [1]) die Tochter des Königs von Ungarn (Berte 109, vgl. S. 115. 116). Der Berte verwandt ist Florians, s. GNant. S. 19:

Il a en cheste vile .l. vaillant chevalier
Qui a nom Florians, fix le conte Gautier,
De l'antain Kallemaine, che ne puet nul noier.
De la seror Bertain, la roïne au vis fier.

_____

[1]) Von der falschen Bertha, der Tochter der Sklavin Margiste (Berte 184—185), Aliste mit eigentlichem Namen, hatte Pipin zwei Söhne: Rainfrois und Heudri (Berte 406—407). Tibert ist *cousin* Margiste (Berte 187. 544. 876), nicht wie Gautier meint, (Epopées II, 15) *cousin* Floire. — Darauf weist auch Scheler hin (s. Berte S. 50. 187). –- Vgl. Heudri und Hainfroi im Main. Dieselben Personen sind gewiss: Berta 107: Lanfre e Landras, qe erent anbidos frer. S. ferner: Enfances de Charlemagne, ebenso: Histoire poétique de Charlemagne und Gautier, Epopées II. — Vgl. endlich noch Berta 945—49:

Por fila li rois d'Ongarie ela avoit clamor.
De li rois avot tros filz, si cum dis l'autor:
Lanfroi e Land(r)ix, Berta fu la menor,
Qe mere fu Rolando, li nobel pugneor
E de Milon, si cum oldirés ancor.

Vgl. 1635—37. — Nach Berta 138—141 ist Berta die Tochter des Königs von Ungarn und der Belisant.

Vgl. Gautier, Epopées III, 11: La légende de Berte ne renferme en réalité d'autre élément historique que le nom de son héroïne. S. ferner Hist. litt. XXII, 491 Honfroi et Heudri (ou Childeric).

Von einer anderen Gemalin Pipins ist die Rede im Gar. Sie ist die Tochter des Königs Thierry de Moriane und wird genannt Blancheflors *au clers vis* (Gar. II 157 redet sie den Rigaus *niés* an). Sie hatte mannigfache Schicksale gehabt. Ungeachtet der grossen Liebe, welche sie und Garin (dem sie zur Gemalin versprochen ist) für einander fühlen, will letzterer sie dem Guillaume de Monclin abtreten. Jetzt aber wird Pipin auf sie aufmerksam, er verliebt sich in die schöne Blanchefleur und macht sie zu seiner Königin.

Pipin hat im Epos eine grosse Anzahl von Kindern, denn sehr häufig wird uns mitgeteilt, dass eine Schwester Karls die Gemalin eines französischen Ritters war.[1]) Karl der Grosse[2]) ist als Sohn Pipins angegeben: RMont. 266, 11; ChOg. 287; Berte 43; Aquin 3042. 3079; GNant. S. 7; Ot. S. 1; Aye S. 23; AetA. 1394; GBourg. S. 22; Orl. 19, 20. Brüder von Karl dem Grossen finden nicht erwähnt, aber eine Reihe von Schwestern.

Die am häufigsten auftretende Schwester Karls ist Gille (Gile, Gilain. GBourg. S. 97. 121). Dieselbe ist zweimal verheiratet gewesen. Berte 3472 ist als ihr Gemal genannt Miles d'Aiglent *(Milun, cousin de Tedbald de Reins,* Rol. O.; vgl. RMont. 45, 17. 119, 37. 146, 25. 296, 26; s. Anm. 2 S. 6, Berte. Gille ot non et fu mere Rollant 3168, Tochter Pipins. *Femme Milon d'Aiglent* 3472; s. auch Rol. P. 230, P. T. L. 229, T. u. P.). Für Gille findet sich einige Male Berte, s. Rol. V. VII, 338, 10—12; Rol. V. IV, 4453—55. Aus dieser Ehe ist entsprungen (vgl. Gautier, Epopées II, 57) Roland (Rolend, Rolendis, Rollant, Rollandin u. s. w.; RMont. 119, 35—37; Fier. S. 85). Orl. nennt den Vater Rolands: Melon Dragante (s. Orl. 7, 35. 8, 4. 161, 21.

---

[1]) Die Dichter stellen gern auf diese Weise, also durch Heirat, eine Verwandtschaft her.

[2]) Karl, Karles, Karles de Monloon, Karlon, Kalles, Kallon, Karlemagne, Karlcmaigne, Karlemaine à Es, Carles, Callon, Charles, Charles de Saint-Denis oder de Sainte-Denise, Charlez, Charlon, Charlemagne, Charlemaine, Charlezméne, Challcméne, Karleto, Mainés (Mainet) li rois des Frans. u. s. w.

2*

196, 8). Im Orlando erscheinen die Verwandtschaftsangaben
sehr verwischt: Milon ist hier mit der Familie des Doon de
Maïance in Verbindung gebracht (s. Geste de Doon S. 43).
Roland wird der Neffe Karls genannt: RMont. 215, 19-30;
Agol. 1154; GBourg. S. 3. 9—10. 32. 96. 130; KarlsR. 307;
Ot. S. 3.

Sehr häufig finden wir Roland mit Olivier zusammen
erwähnt (Alesch., CorL. u. s. w.). RMont. 341, 17 heisst Roland *parel Ogier*. Guis war *cousin* Roland: Fier. S. 85 (über
Olivier s. S. 27 la Geste de Garin).

In Berta und Orl. erzählt der Dichter, dass Bernardo
de Clermont der Vater des Milon gewesen sei (Berta 209;
Orl. 25. 33). Die Gemalin Milon's heisst Berta *(la insené)*
(Berta 209—215). Milon und Berta hatten einen Sohn Roland.

Eine Tochter des Milon d'Aiglent, *de la seror Kallon*,
hatte zum Gemal Amalgré, den Vater des Hardré (GNant.
S. 39).

Ein Bruder Roland's war Baudoin, der Neffe Karls
(Sax. 50, o. 54, 18). Vielleicht ist hier Baldewins, der Sohn
des Ganelon, gemeint.

Der zweite Gemal der Gille war Ganelon (der Stiefvater
Rolands: Rol. O.; s. GBourg. S. 49).

> Et li rois Guis tantost fait mander dame Gile:
> Cele ert suer Karlemaine, le roi de Saint-Denise,
> Et fame Ganelon, qui li cors Dieu maudie,
> Et ert mere Rollant à la chiere hardie.

Vgl. auch Rol. V. VII, 229 L., ebenso GBourg. S. 89 und
Rol. O., ferner 292—296, wo Ganelon sagt, dass er Karls
Schwester zur Gemalin und von ihr einen Sohn Baldewins
habe (Rol. V. IV 223—224; s. S. 41). Karl giebt dem
Bauduin, seinem Neffen, Sebile, die Wittwe Guiteckin's, zur
Gemalin (s. Sax.; vgl. später).

Eine andere Abstammung des Roland erzählt der Dichter
des Aquin. Danach ist sein Vater: Tïori ou Tyori, [1]) duc

---

[1]) Über Tiori s. Aquin, Einl. S. LXVII: Nous avons deux listes de
noms (V. 61. 738) qui ne laissent rien à désirer pour l'apparence historique.
Nous y voyons: . . . . . Tiori, duc de Vannes, père de Roland; Salomou,

de Vannes, der Onkel des Königs Salomon und Gemal der
Bagueheut, der Schwester Karls (s. Aquin 70. 709. 999 bis
1004. 1841. 3081—82; Tiori, der Onkel des Salomon, welcher
der Sohn seines älteren Bruders war: Aquin 745—48; s.
RMont. Salemons, *li fors rois coronés* 26, 11; Salemons, *de Ber-
taigne* 140, 13. ChOg. 508. Sax. 36, 6; S. *et son neveu Rollans*
424, 23).

Die Gemalin des Sanson de Borgoigne [1]) war eine andere
Schwester Karls (Sances, Sanses u. s. w; s. GBourg. S. 7. 8.
51. 96. 121), jedoch abweichend davon wird die Gemalin des
Sanson Fier. S. 103 als Tochter des Millon d'Aingler aufgeführt, wo Guis de Bourgoigne, der Sohn des Sanson, sagt:

On m'apele Guion, de Borgoigne fui nés
Et fils d'une des filles au duc Millon d'Aingler,

(vgl. GBourg. S. 7. 8. 12. 51. 58. 81. 121). Guis, Verwandter von Karl dem Grossen und Roland (Fier. S. 68. 70).
Alesch. 2612 nennt Looys den Sanson *frère:*

Alez tost frère, gardez n'i demorez.

Weiter war eine Schwester Karls die Gemalin des An-
toine d'Avignon, des Vaters der Aye. (Aye S. 2. 3. 53 . . .
Aye, die Nichte des Kaisers.) Auch *(li cunte)* Renier de
Gennes hatte eine Schwester Karls zur Gemalin, denn seine
Kinder Olivier und *(bele)* Aude (Alde) heissen immer die
Verwandten Karls und Rolands (s. Fier. S. 2. 8. 9; Rol. O.;
RMont.; Fier. S. 172). Alde war dem Roland zur Gemalin
versprochen (vgl. Rol. O.; GBourg. S. 122); als sie von Ro-
lands Tode erfährt, bricht sie zusammen mit den Worten:
Nicht ziemt es mir, nach seinem Tode länger zu leben.

Doon S. 4 wird erzählt von einer Schwester Karls, der
Gemalin des Ripeus, dessen Sohn Anséis war.

Auch der König Murgafier de Portingal war der Gemal

qui fut ensuite roi de Bretagne, fils d'un frère aîné de Tiori; un autre
seigneur de Vannes, Baudouin . . u. s. w. s. die Bemerkung des Herausgebers zu v. 3081: Tiori a-t-il quelque rapport avec le Thierry d'Angers
(vengeur de Roland dans Gaydon)? s. Rom. 1879. S. 67.

[1]) Sanson hatte zwei Brüder: Navari und Renier, vgl. später.

einer Schwester des Kaisers. Ihr Sohn war Loihier: S.
ChOg. 3223—29.

> Icil iert niés la roïne au vis fier
> Cosins germains iert Callot l'aversier
> Et fix estoit au fort roi Murgafier
> Qui Portingal avoit a justichier.
> Li rois l'ot fait à Karlon envoier
> Por adober et ses armes baillier.

Vgl. ferner ChOg. 4318. 3520 u. Rom. III 56.

Ferner war wahrscheinlich eine Schwester Karls die Gemalin des Raimbaut le Frison (vgl. GNant. Flandrine, Tochter
des Raimbaut le Frison und Nichte Karls des Grossen. S.
62. 70. 85).

Als Neffen Karls treten noch auf: Lother (ChOg. 9449).
Bertolais und sein Bruder Honestais (ChOg. 9245—49).
RMont. 120, 8 sagt Karl von Bertolais: *mon cusin.*

Von den Gemalinnen Karls ist uns nur weniges in den
Epen mitgeteilt:

Seine erste Gemalin war die Tochter des Königs Galafrio von Spanien, Galiene (s. später) — Main. 2. 7. 58 —,
denn es wird uns erzählt Berta 1645 ff.: Pipin und Berta
wurden vergiftet. Ihr junger Sohn Karleto wurde nach
Spanien zum König Galafrio gebracht, welcher ihn ernährte
und erzog. Dieser verheiratete dann den jungen Königssohn
mit seiner Tochter.

Eine zweite Gemalin erwähnt der Dichter des Mac., S. 3:

> Blancheflor fille al roi de Costantinoble.
> Fame Kallon . . . (S. 4. Blançiflor).

Ausserdem hat nur die Handschrift von Montpellier des
Doon eine Helissant als Gemalin Karls, von der Flandrinette
geboren wurde, die spätere Gemalin des Doon.

Von Blancheflor hatte Karl einen Sohn Looys, welcher
auf der Irrfahrt der Blancheflor im Hause ihres Gastfreundes
Primerain geboren wurde (Mac. S. 117). Sonst wird Looys
(Loeys, Loeïs, Loéis, Looïs) noch als Sohn Karls erwähnt:
MAim. S. 66; Aiol. 18; RMont. 36, 2; ChOg. 7277; HCap.
S. 213; Alesch. 3282; RaoulC. 99. 135; Elie 50 . . . . .;

Aye S. 9. 23. 52. 81; ChNym. S. 48; CorL. 50. 62. 72. 1692 . . . . .; s. auch Gorm. 276.

Gorm. 454—55 heisst ein Ritter Seguin *cusin germain roi Lo[e]vis*. Mit Lohier zusammen, seinem älteren Bruder, wird Looys aufgeführt MAim. 9—11: Looys et Lohier *(l'ainzné)* s. 12—13. Dem Lohier begegnen wir auch noch: Jourd. 1078. 1105 u. 2055. RMont. 10, 31.

Ausser diesen beiden Söhnen lernen wir noch kennen Charlot (Callos, Callot, Carlotto: Rom. III 33; Karleto: Main.; s. ChOg. 969; HBord. S. 3; EnfOg. 1373: *son maître Tierri d'Ardane*) und Bueves (AetA. 801. 849. 1725: *fils de Charlemagne et de la reine. Bueves li anfes*).

Eine ziemlich bedeutende Rolle spielt der Name Belissent (Belissans, Belisant). Diese Belissant war die Tochter des Kaisers (AetA. 227. 414. 423. 530. . . Ot.), dreimal tritt sie auf und jedesmal wird ihr von dem betreffenden Dichter ein anderer Gemal gegeben. Während der Dichter der ChOg. (115) in ihr die Gemalin Gaufrey's und die Stiefmutter des Ogier sieht, wird sie uns in AetA. (227. 414. 1971 . . .) als die Gemalin des Amiles dargestellt. Endlich begegnen wir ihr im Ot., wo sie die Gemalin des Otinel ist. Otinel war der Bote des heidnischen Königs Garsilion und dessen Vetter (Ot. S. 2. 9; s. später), er nahm das Christentum an und Karl wurde sein Pate (S. 22). Roland verspricht ihm Belissant, *sa cousine germaine*, zur Gemalin (S. 13) und S. 23 wird uns erzählt, dass Karl dem Otinel seine Tochter und die ganze Lombardei giebt.

Im Aiol treten zwei Schwestern des Loeys auf. Avisse, die Gemalin des Elie (s. Aiol) und Ysabel (Aiol 1984. 2003. 2073; Elie 2748, s. Geste de St.-Gilles). Letztere hat eine Tochter Lusiane (Aiol 1989. 1994 . . . . .).

Looys, *l'empereor vassal*, ist eine hervorragende Persönlichkeit in den Epen. Er heiratete die Blancheflor, die Schwester des Guillaume d'Orenge (CorL. 2677; s. Alesch. 2853: Aymeris *gendres* Looys; Alesch. 2798 Blanceflor,

Schwester Wilhelms. 7917: *la roïne Fille Aymeri*; Aye S. 10.
11; vgl. HCap. S. 44—47).

Eine Tochter der Blanchefleur ist Aaliz (Alesch. 3058.
3129—30: Aymeris und die vier Onkel der Aaliz umarmen
dieselbe, 7609: *nièce* Guillaume), die Gemalin des Renoart
(Alesch. 3258 . . ., s. S. 134) — s. später —.

Blanche de France, Tochter des heiligen Ludwig, heiratete Ferdinard de la Cerda, den Infanten von Castilien.
(Cleomades, Hist. litt. XX 710.)

Ein Sohn des Königs Looys war Loherel (demin. von
Lohier. — 6513—14). HCap. wird uns noch eine Tochter
der Blancheflor, Marie, genannt (S. 21 . . . .), sie heiratete
den Hugues Capet[1]) (S. 174), welcher später zum König von
Frankreich gewählt wurde[2]). Ihr Sohn war Charles (S. 21),
der vielleicht identisch ist mit Robers. Hugo[3]) regierte neun
Jahre und Robert vierunddreissig Jahre (S. 242).

Ein Pate des Königs Loeys ist Loeys, *le plus jeune fils
d'Herbert; filleul du roi Loeys* (RaoulC. 2076. 2514—19. 2539 . . . .)

Eine dritte Tochter des Loeys war wohl Aalais; dieselbe
hatte zum Gemal Raoul Taillefer (RaoulC. 15 . . . . . 5455.
8372). Dessen Sohn Raoul de Cambrai wird als *neveu du
roi Loeys* angegeben. (RaoulC. 293. 305. 469. 718. 835 u. s. w.)
475 heisst Raoul *cousin du roi Loeys*. RaoulC. 5399 wird der
Grosssohn der Aalais, Gautier oder Gautelet, der Neffe des

---

[1]) Hues Cappez (Cappés) ist der Sohn des Richier de Beaugency, des
Gemals der Beatrix (= B., die Schwester des Metzgers Simon in Paris.
(HCap. S. 5—7).

[2]) Historisches über Loeys und Hugues Capet wird mitgeteilt HCap.
Einl. S. XLVII. u. f.

[3]) In HCap. wird uns eine Erzählung der abenteuerlichen Fahrten
des Hugo gegeben. Er hat eine grosse Anzahl von unehelichen Kindern.
So erzählt der Dichter S. 96—107: Während seines Aufenthaltes in
Brabant und Hainaut hatte Hugo von mehreren Damen Kinder gehabt,
welch letztere nach Paris zu ihrem Vater gehen. Sie waren zehn Brüder
von zehn verschiedenen Müttern. Zwei derselben werden genannt: Richier
und Henri. Nach S. 282 heissen zwei andere uneheliche Söhne des Hugo:
Renaud und Gerin.

Königs Louis genannt (vgl. zu Raoul: La Geste du Nord.
S. später).

Von einigen Verwandten ist noch die Rede: Agol.,
HBord., EnfOg., Jer., doch lässt sich ihr Verhältnis zur
Königsfamilie nicht erkennen. Fagons *parent* Karlon (Agol. 20.,
seneschaus. duc d'Orcanie. 19) *parenz et nies et baron Karlon*
(Agol. 111).

Amaury de la Tour de Rivier sagt zu Charlot:
> De par vo mere moult près vous apartieng,

(HBord. S. 9. 15.)
> Daniiel del lignage le roi Charlon Martel,

(Jer. 8376.)
> Gui de Saint-Omer, estrais dou lignage Charlon

(EnfOg. 515. 868. 5128.)

Gautier de Termes ist *fillex* Looys. (MAim. 74. 512).
Zur Verwandtschaft Karls gehört auch Gottfried von
Bouillon (s. später).

c. König Philipp.

In irgend welche verwandtschaftliche Beziehung zu den
Karolingern hat der Dichter der Chanson d'Antioche den
König Phelipes nicht gebracht. Philipp hat nach Ant. zum
Bruder Hugues del Maine (Huon du Mans, Hue del Maine,
Hues del Moines, Huon le (do) Maigne, Huon li Man-
sois, li Mansiax[1]) —; s. Ant. I 53. III 37. 207. VIII 10.
207. Jer. 1033—34) — vgl. Geste des Lorrains —.
> Huon du Mans parent du duc Fagon

(EnfOg. 5072.)

Der Sohn einer Schwester Philipps war Estatin *l'ésnasés*[2])
(Ant. II 76.)
> Drus fu l'emperéor et de sa seror nés.

II, 77 nennt ihn der Kaiser: *Biaus nies.*

---

[1] S. Ant. I 62, Anm. 3.

[2] S. Ant. II 76, Anm. 3: Die griechischen Historiker nennen ihn
Tatixos od. Tatice. Die lat. Chroniker: Tatinus. Er war sarazenischen
Ursprungs nach Anne Comnène .. u. s. w.

Cosin des Philipp war Tierris de Blansdras[1]), (Ant. III 206.)[2])

II. La Geste de Guillaume d'Orange.

Die zweite Hauptfamilie ist die des Garin de Montglane (La Geste de Guillaume d'Orange). Während uns in der Familie des Doon de Maiance durchweg, wenn nicht immer verräterische, so doch aufrührerische Vasallen entgegentreten, so sind die Nachkommen des Garin de Montglane die treuen Anhänger und Begleiter ihres Herrn und Königs in jeder Gefahr.

a. Die Söhne des Garin de Montglane.

Der Stammvater dieser Familie, Garin de Montglane[3]) (s. Doon S. 1. 162. 163), hatte von seiner Gemalin Mabile (Gaufr. S. 10) vier Söhne: Hernaut de Beaulande, Renier de Gênes, Milon de Pouille und Gérard de Viane (Gaufr. S. 10. 25. 278. 313).

Ernaut *(Ernalt de Biallande le grant* ChOg. 5915), der Sohn der Mabile und Garin's, war der Vater des Aymeri de Narbonne (Gaufr. S. 113. 342. MGuill).

---

[1]) S. Ant. II 313, wo P. Paris in der Anm. zu Blandras sagt: Gautier de Blandras nommé Tieris (I 101. III 206).

[2]) Den Stammbaum der Geste du Roi s. S. 49.

[3]) Die Vorgeschichte des Hauses Garin findet sich: Hist. litt. XXII 439--446 in GarM. Savari, Herzog von Aquitanien, und die schöne Flore, die Tochter des Thierri, waren die Eltern Garin's. Garin war der dritte Sohn. Bei seiner Geburt fanden sich drei Feen ein: Morgue, Schwester des Artus, Ida, vielleicht die Mutter des Godefroi de Bouillon und Gloriande. Anseaume, der Bruder Garin's, erhält zur Gemalin Germaine, die Tochter des Narquilas d'Alixandre (oncle du célèbre Ferabras). Von Anseaume stammt ab Yon de Gascogne (439) und die schöne Clarisse, die Gemalin des Renaud de Montauban. Vgl. Geste de Doon. S. 43. In dem Werk eines trouvère aus dem 13. Jahrhundert heisst der Vater Garin's Aimeri, nicht Savari. Er hinterliess drei Söhne: Garin, Gerin und Anseaume (surnommé de Blois) (441). — Hist. litt. XXII 496 wird erwähnt: Mabile, sœur du comte de Limoges, avait été promise par son frère au comte Hugues d'Auvergne.

Renier (Renier de Gennes, R. de Gennles, R. de Genne ...)
hatte von seiner Gemalin, der Schwester Karls, zwei Kinder:
Oliviers und Alde (s. Gaufr. S. 42, Fier. S. 8. 172 — vgl.
Geste du Roi —). Fier. S. 69 redet Karl den Renier an:
biaus niés. Alde (Aude, Audain) wird sehr oft mit Gille,
der Schwester Karls, zusammen genannt in GBourg. (S. 39.
121 u. s. w.). Als Schwester des Olivier finden wir sie angegeben: Sax. 278, 14—15; Rol. V. VII 356, 13—14; GBourg.
S. 33.
    Ihren Bruder Rondel (Ferant) erwähnt Alde: Rol.
V. VII 365, 33. s. Rol. P., wo Aude sagt, *mon frere Ferrant*
(272).
    Als Nichte des Hernaut ist Alde aufgeführt: Rol. V.
VII 359, 1.
    Olivier heisst Rol. V. VII 329, 6 *oncles Rollant.*
    In KarlsR. erzählt uns der Dichter ein Liebesabenteuer
des Olivier mit der Tochter des Königs Hugo (von Konstantinopel, Griechenland und Persien bis nach Kappadocien).
Vgl. darüber auch Rom. IV, 400. 415—20.
    In späteren italienischen Versionen heisst die Geliebte
des Olivier einmal Gismonda, ein anderes Mal Jacqueline.
S. Rom. IV, 416:

> Galien deve la sua nascita al gab d'Olivier.

Jacqueline, welche sich Mutter fühlt, wird vom Hofe
ihres Vaters verjagt und gebiert in einem Garten einen Sohn.
Zwei Feen treten herzu, Galienne und Esglentine. Erstere
giebt dem Sohn der Jacqueline ihren Namen, und letztere
weissagt, derselbe werde vor seinem Tode Karl den Grossen
erblicken. S. Rom. IV 417. Hier heisst es: Uliviere ver-
gisst nicht die Treue, welche er der Braidamante (*figlia del
Soldano:* IV 400) schuldet.
    In einem anderen Text werden Aquilante und Grifone
zu Söhnen des Ulivieri gemacht. (Vgl. dazu Ricciardetto
später.)
    Nach Orl. 51 hatte Uliuieri einen Sohn von der Me-
ridiana, der Tochter des heidnischen Königs Chalidoro.

Milon de Puille, der dritte Sohn des Garin, hat nach
RMont. 294, 18–19 einen Sohn mit Namen Franquet

> (cousin Olivier . . .
> Le fil Milon de Puille, d'Otrente la cité).

Über den vierten Sohn Garin's, Gerard de Viane, [1]) vgl.
Girars de Rossillon S. später. Gerard heisst der Onkel des
Olivier RMont. 265, 31; ebenso Rol. P., 335. L. Als Onkel
der Aude finden wir ihn angegeben:

Rol. V. VII. 358, 12. 359, 1.

Gontars *(quens fu d'Auvergne)* ist *niés* des Girart de Viane
genannt ChOg. 5199.

Ein Verwandter des Hauses Garin ist nach MGuill.
Landris.

b. Aymeri de Narbonne, der Sohn des Hernaut de Beaulande, und seine Nachkommen.

Aymeri (Aymeriet, Aimeri, Aïmer) de Narbonne, der
Sohn des Hernaut de Beaulande, hatte zur Gemalin Hermenjart
(MAim. 231 — Ermengart, [2]) Ermangart) de Pavie (Alesch.
2168. 3205), welche Alesch. 591 die natürliche Mutter Wilhelms genannt wird. S. Alesch. 590—92.

> Et Aymeri mon chier père charnal,
> Et Ermangart ma mère natural,
> Et mes chiers frères qui sont bien principal.

Wenn auch Wilhelm vielleicht ein natürlicher Sohn war,
so ist doch späterhin Hermengart bestimmt die Gemalin des
Aymeri gewesen, denn einmal wird sie in MAim. als die Gemalin Aymeri's aufgeführt, dann aber ist sie auch die Mutter

---

[1]) S. Hist. litt. XXII 449—454: La Chanson de Girart de Viane
est, ainsi que nous l'avons remarqué plus haut, une contrefaçon de celle
de Girart de Roussillon. La même tradition, rapportée à deux grandes
familles féodales, nous présente d'un côté l'Allemand Girart, duc des deux
Bourgognes et maître du château de Roussillon, fils de Drogon, parent
d'Ogier le Danois, frère de Beuve d'Aigremont, d'Aimon de Dordogne,
de Simon de Pouille et de Doon de Nanteuil; de l'autre côté, l'Aquitain
Girart, duc de la haute Bourgogne, fils de l'Auvergnat Garin de Montglane,
frère de Milon de Pouille et d'Ernaut de Beaulande et de Renier de
Gênes (449). Girart de Viane a épousé Guibour, la fille du roi Othon (454).

[2]) S. S. 38 Anm.

der vielen Brüder Wilhelms; wahrscheinlich hatte Aymeri
von ihr acht Söhne (nach vielen Angaben jedoch nur sieben)
und mehrere Töchter. Von den acht Söhnen ist Bernart
de Brubant der älteste (MAim. 538). der jüngste Guibert
(BComm.); die anderen heissen: Hernauz de Gironde, Bueve
de Commarchis, Garin d'Anseüne, Guillaume, Guichars und
Aymers. (S. Alesch. 2845 u. f. 6241—42:

> Aymeris et toz ses .VI. enfant.
> Et si neveu et si apartenant.

MAim. 240, KarlsR. 64. 579. 739. 765 u. s. w.).
Der Name der einen Tochter ist Blancheflor (Alesch.
S. 290. 3068—70. 2798. 2890. s. Geste du Roi: die Gemalin
des Königs Looys. S. 23.)

1. Bernart de Brusban (Bernarz, B. de Brebant u. s. w.)
wird als Bruder Wilhelms erwähnt KarlsR. 765; RMont.
24, 16; PrOr. 1329. Er ist der Vater des Bertrant (Alesch.
5182) und des Guielin (ChNym. 114—15: der Neffe Wilhelms ist Guielin: ChNym. 597. 607. 1114—15; PrOr. 905.
910. 515. 548; Bertrant, Neffe des Wilhelm: CovViv. 1480.
1499; PrOr. 10. 54.... 905. 910; ChNym. 32. 417....;
Elie: 222—23, 263—64 u. s. w.; CorL. 1145. 1166; Alesch.
5641.... 5945; Ant. VIII 55. 269). Der Vetter des Girars
heisst Bertrans Alesch. 5837; Alesch. 139. 154. 168....
redet Bertrans seinen eigentlichen Vetter Vivien niés an.

2. Hernauz de Gironde (Ernalt, Ernays, Ernaus, Her-
naus, Hernaïs u. s. w.) ist der Sohn des Aymeri nach Alesch.
2849. ChOg. 1206 (Bruder des Garin d'Anséune Aye S. 44;
Br. Wilhelms (Alesch. 2391), des Aïmer: Alesch. 4848. 4894,
Oheim des Grafen Bertran KarlsR. 64. 566 [1]).

---

[1] Zu v. 684, wo Ernaut de Biaulande genannt wird, giebt der
Herausgeber des BComm. folgende Bemerkung: Ernaut de B., mentionné
parmi les chevaliers français et allemands, dont les Narbonnais espèrent
être secourus. Ce ne peut pas être le père d'Aimeri, mais son quatrième
fils, plus connu sous le nom d'Ernaut de Gironde. Vgl. zu Hernaut:
Doon S. 4, wo ein Hernaut de Giron als elfter Sohn des Doon de Maiance
angegeben ist·

3. Beuves de Commarchis (Bueves, Buevon, Bevon) hatte
zur Gemalin Beatris, [1]) (BComm. 769: *Beatris moillier Buevon*).
Seine beiden Söhne: Girars und Gui (Gerart — Guis, Guion,
Guielin —; Alesch. 2953. 4400; CovViv. 57—58. 1044;
BComm. 115—116, 120—121; Girars, Neffe Wilhelms: Alesch.
2104; CovViv. 1043. 1109; Gui *cousin germain bon Bertran:*
BComm. 127).

4. Garin d'Anséune (Sax. II 69. 187 — 33, 5; BComm.
684) war der Vater des Vivien und Guichardez (CovViv. 10.
1155—56. 1833). Vivien, der ältere wird der Neffe Wilhelms genannt: Alesch. 9. 106. 131; CovViv. 12. 24. 30 u. s. w.
Nach EnfViv., Hist. litt. XXII 503, war Vivien, der Sohn
des Garin d'Anséune und der Eustasse oder Huitace, der
Tochter des Naime de Bavière. Guichardet heisst „der Neffe
des Wilhelm": CovViv. 1180, Alesch. 304 den Aymeri nennt
der Dichter den Grossvater Vivien's: CovViv. 124; 601—2
hören wir Vivien sagen:

> Et vos, contesse, Guibor, ma dame bele,
> Vos me norristes lonctens soz vo messele,

5. Der fünfte Sohn des Aymeri, Guillaume, [2]) ist der
berühmteste, und zugleich der Mittelpunkt dieser ganzen Geste.
Er spielt in den meisten Epen dieses Kreises bei weitem die
grösste Rolle; mit besonderer Vorliebe schildert der Dichter
seinen unerschütterlichen Mut, seine glänzende Tapferkeit und
seine hervorragenden Charaktereigenschaften. Wenn auch
oft seine ungeheuren Taten menschliches Mass und Ziel weit
überschreiten, so wird er doch bald bei seiner echten und
rechten Ritterlichkeit eine Lieblingsfigur für den Leser.

Einer seiner treuesten Begleiter ist Vivien, sein Neffe;
für ihn fühlt Wilhelm eine zärtliche Zuneigung und achtet

---

[1]) S. die Bemerkung des Herausgebers des BComm. zu Beatris:
Dans le Département des Enfants d'Aimeri, la femme de B. est appelée
Hélissant, fille d'Yon de Gascogne.

[2]) Historisches über Guillaume s. Jonckbloet, Guillaume d'Orenge.
II. Teil. (S. 60—67.)
Guilliaumes, Guillielme . . . ., G. *au Court Nez, au cort nés,* G.
Fièrebrace CorL. 900. 252; Bracefière *li cuens* Alesch. 1676; La Fierebrace
1916—18 u. s. w.

sein eigenes Leben kaum noch, als Vivien ihm durch den Tod entrissen wird. [1])

Schon KarlsR. (739) erfahren wir, dass Graf Guillelme d'Orenge der Sohn des Grafen Aimeri und Bruder des Grafen Bernart war. Ferner heisst er der Sohn Aymeri's: ChNym. 1196. CovViv. 1819. CorL. 212. Alesch. 590. 2157 (s. CorL. 813—820, vgl. auch CovViv. 1820—21; CorL. 213 u. s. w.) Nach vielen Mühseligkeiten gelang es Wilhelm, Guibor [2]) zu seiner Gemalin zu machen. (ChNym. 10; PrOr. 1872 bis 75; CovViv. 795; MGuill. 2. 455—60; Alesch. 839. S. PrOr. 33—35:

> Si come Orenge brisa li cuens Guillelme,
> Prist á moillier dame Orable la saige
> Cele fu feme le roi Tiebaut de Perse.

vgl. auch: ChNym. 5 u. f.

> Guillaumes, li marchis au cort nés
> . . . .
> Et fist Guibor baptizier et lever,
> Que il toli le roi Tiebaut l'Escler;
> Puis l'espousa à moillier et à per . . .

---

[1]) S. Alesch. S. 236—39.

> Li cuens se pasme, tant a son duel mené.
> Quant se redrece s'a l'enfant regardé
> Que un petit avoit le chief croilé.
> Bien ot son oncle oï et escouté,
> Por la pité de lui a souspiré.
> „Dex! dist Guillaumes, or ai ma volenté!"
> L'enfant enbrace, si li a demandé:
> „Biax niés, vis-tu? por sainte charité!"
> „Oïl voir, oncles, mais poi ai de santé:
> N'est pas merveille, car le cuer ai crevé".

Vivien fühlt dann den Tod herannahen und nimmt Abschied von seinem Onkel. Der Dichter sagt uns dann:

> L'ame s'en vet, ne pot plus demorer:
> En Paradis la fist Dex osteler,

[2]) Guibor, oder wie sie vorher genannt wurde, Orable, war die Gemalin des schurkischen Heiden Tiebaut de Perse; s. PrOr. 25--28:

> Cele fu née de la gent paienie,
> Et si fu feme le roi Thiebaut d'Aufrique:
> Puis crut en Deu le fil Sainte Marie,

s. später.

CorL. 1368—79 (2222) wird erzählt, dass Wilhelm die Tochter des Gaifier heiraten will, doch erfahren wir später nichts weiteres darüber. CorL. 115 sagt der Dichter, dass Wilhelm *parenz Hernaut d'Orliens* sei.

6. Aymers *li chétis* war der sechste Sohn des Aymeri. (vgl. Alesch. 5401 u. f. 7588: *li resques Aimeri*; BComm. 682—308 u. s. w.). In HCap. ist Drogue (Drogon) der Sohn des Aymer, derselbe heiratet Flore,[1]) die Tochter des Clarvus.[2]) Marie, die Tochter der Königin Blancheflor, heisst *nièce Drogon* (HCap. 124—130).

7. Guichars, der siebente Sohn Aymeri's. ist erwähnt: Alesch. 2848.

8. Endlich war Guibert d'Andrenas (die Gemalin des Guibert war nach GuibA. Hist. litt. XXII. Angalete, s. später) noch der Sohn des Aymeri (Alesch. 5198. BComm. 684. MAim. 1844. 2040; *G. roi d'Andrenas* Alesch. 4459; *frère Guillaume* 5198; *Cil estoit rois et corone porta* 5199). CovViv. 1820—21 sagt Wilhelm: Ich habe 7 Brüder. Sonst werden gewöhnlich nur sieben Söhne des Aymeri angegeben. Z. B. BComm. 671—84: Bueves, Guillaume, Aïmers, Bernaiz de Brebant, Garins d'Anseüne, Guibers, Ernaus de Bialande (de Gironde) vgl. auch Elie 845—48. S. auch MAim. 3082: Aymeri und seine sieben Söhne, deren Onkel *rois Otes*, li *sire d'Yspolite* war (s. später). Vgl. auch MAim. S. 92, wo sechs Söhne genannt werden: Guillaume, Hernaut, Buevon, Bernart, Garin, Guibelins. Guibelin (nach MAim. 1828. 1839 der Sohn Aymeri's). muss ein deminutivum von Guiberz sein. S. MAim. 2049—50:

> Premiers l'apele danz Guiberz li marchis:
> „Sarrazin frere", ce a dit Guibelins, . . .

Ausser Blanchefleur hatte Wilhelm noch eine andere

---

[1]) In Aim. (Hist. litt. XXII 468) ist die Gemalin des Aymers Soramonde, die Tochter des Königs von Persien.

[2]) König Clarvus hatte zur Gemalin die Soramonde. Er hatte einen Sohn, Brandonne, und eine Tochter, Flore.

Schwester, deren Sohn Gautiers de Toulouse war. (S. CorL.
1212. 1276. 1646—48:

Guillaume en apela Gautiers le Tolosan, fil de sa suer.)

Nach Aim. Hist. litt. XXII 468 hatte Aimeri fünf
Töchter (geschichtlich sind nur zwei bekannt), die älteste
heiratete Dreux de Montdidier, ihre Kinder sind Gaudin,
Richer, Samson et Angelier. Die 2. Tochter war vermält mit
Raoul du Mans und war die Mutter des Anquetil oder
Auquetin le Normand. Aus der Ehe der 3. Tochter mit
einem englischen Baron entsprangen 5 Söhne: Rabeau,
Estormi, Villars, Sohier du Plessis und Saint Morant. Huon
de Floriville, der Gemal der 4. Tochter Aimeri's, war der
Vater des Forque oder Foulque de Candie, welcher die
schöne Anfelise raubte, die Schwester des Königs Thibaut
d'Esclavonie. Blanchefleur war die 5. Tochter. (S. Foulque
de Candie, Hist. litt. XXII 544).

Hue de Floriville hatte nach Foulque de Candie (Hist.
litt. XXII 545) einen Bruder Vivien.

In MAim. spielt eine grosse Rolle: Gautier de Termes,
der 157. 481 als der Neffe Aymeri's angeführt wird (s. Geste
du Roi, s. S. 25). Ebenso kommt er vor in CovViv. (1430.
1398), wo der Dichter ihn zu Vivien sagen lässt: *Niés Vivien.*
Wir haben vielleicht anzunehmen, dass Gautiers de Toulouse
identisch ist mit G. de Termes.

MAim. 200 sind zwei Söhne des Gautier de Termes genannt; zwar erfahren wir ihre Namen nicht, doch ist vielleicht
anzunehmen, dass dieselben Gaudins und Savaris waren. Diese
beiden werden zusammen (CorL. 1482) die Neffen Wilhelms
genannt. (S. CovViv. 1217. 1508.)

Nach Alesch. waren die *cousin* des Bertran und Vivien:
Guichars, Gaudins *li bruns,* Hues de Melant, *(li cuens)* Girars
de Commarchis.

Einem Neffen des Wilhelm, Aleaumes *(li barons),* begegnen
wir noch CorL. 1831. [1]

---

[1] Den Stammbaum der Familie des Garin de Montglane s. S. 49.

III. La Geste de Doon de Maiance.

Über die Verwandtschaftsverhältnisse in der dritten grossen Geste, der Familie des Doon von Mainz, erhalten wir reichen Aufschluss im „Doon de Maiance"[1]) und im „Gaufrey". Während der Dichter des Doon uns mit den ältesten Gliedern dieser Familie bekannt macht, wird uns im Gaufr. eine ausführliche Genealogie dieses sehr berühmten und ausserordentlich weit verzweigten Teiles der französischen Ritterschaft zu der Zeit Karls des Grossen gegeben.

a. Gui, der Vorfahr des Hauses Maiance, seine Geschwister und seine Kinder.

Zu Anfang des Doon erzählt uns der Verfasser, dass Gui in die Einsamkeit gegangen war, um dort Busse zu tun für eine schwere Sünde. Der schurkische Herchembaut benutzt die Abwesenheit des Gui und versucht es, ihm seine Gemalin abwendig zu machen. Letztere stösst ihn mit Verachtung zurück und beschwört dadurch dessen ganzen Zorn gegen sich herauf.

Ausser einem Bruder, Hugues de Castelfort (Doon S. 79), wird nur noch erwähnt, dass er eine Schwester gehabt habe (S. 62), welche in Deutschland reich verheiratet war; ihr Name wird jedoch nicht genannt. Dem Namen von der Gemalin des Gui begegnen wir erst auf S. 62. Gui hatte von dieser Gemalin, Marguerite, drei Söhne (S. 2. 6. 8—9), von denen Doon (de Maiance) der älteste war. Die beiden anderen wurden schon in frühester Jugend von Gui's Feinden

---

[1]) Eine Besprechung des Doon de Maiance giebt Pey im Jahrbuch für romanische und englische Litteratur I 1858. S. 320—349. Pey hat die Handschrift von Montpellier seiner Abhandlung zu Grunde gelegt. Dieselbe weicht nur in geringem Masse ab.

getötet; S. 52 wird der eine dieser beiden Söhne Savari genannt. Karl bietet dem Doon seine Nichte Helissent zur Gemalin an, doch Doon schlägt sie aus und verlangt ungestüm von Karl, dass er ihm helfe, die Tochter des Heiden Aubigant (s. später) und eines flandrischen Mädchens, die Flandrine (oder Flandrinette) zu gewinnen (Doon S. 190). Es gelingt Doon, diesen Plan zur Ausführung zu bringen und wir erfahren von seiner Heirat mit Flandrine (S. 245). Diese Gemalin schenkte ihm in sechs Jahren zwölf Kinder, unter denen Gaufrey das älteste war (S. 342). Eine Aufzählung der zwölf Söhne und der Enkel Doon's findet sich Gaufr. S. 4—5 V. 79—145. Die zwölf Söhne heissen: Gaufrey, Doons de Nantueil, Grif d'Autefueille, Aymes de Dordon, Beuves d'Aigremont, Othon, Ripeus, Seviu de Bordele, Peron, Morant de Rivier, Hernaut de Giron, Girart de Roussillon.

b. Doon de Maiance und seine zwölf Söhne.

1. Gaufrey ist der älteste Sohn Doon's und der Flandrine (Doon S. 241, Gaufrois, Gaufroi). Gaufrey heisst der Bruder des Grifon Gaufr. S. 136 und des Doonet S. 143. Von der Heirat des Gaufrey und der Passerose *(cousine Naynmon)* wird erzählt Gaufr. S. 223. Nach dem Tode der Passerose nahm Gaufrey eine zweite, böse Gemalin, die aber nicht namentlich aufgeführt wird (Gaufr. S. 317). ChOg. 111—117 sagt Ogier von seinem Vater und seiner Stiefmutter Belissant, dass sie ihn nicht lieben.

Nach EnfOg. hatte Gaufrey drei Gemalinnen:

1. Die Schwester des Namles; diese schenkte ihm Ogier und Flandrine [1] (98—104).

2. Von einer schlechten Gemalin (Belissant) hatte Gaufrey drei Söhne: Corras, Huon, Giboué (110—115).

Die dritte Gemalin war Constance (3072 ff.).

---

[1] S. EnfOg. 8169: Flandrine, die Tochter des Gaufroi und Schwester des Ogier war die Gemalin des *(prince)* Henri, Sohnes der Königin Constance de Hongrie.

Aus der Ehe Gaufrey's mit Passerose entsprang Ogier [1])
(Gaufr. S. 241; Oger, Ogiers; vgl. GBourg. S. 115. 118;
ChOg. 4—6; RMont. 1, 4—6; GNant. 37).
Karl sagt zu Ogier RMont. 146, 12—13:

> „Vos estes de lignage Girard de Rossillon;
> „S'estes cosin Renaut, le fil au viel Aymon.

Ogier war verwandt mit Tierris d'Ardane (ChOg. 9539),
Doon de Nantueil, Morant de Rivier, Bérart, Girars de Rous-
sillon, Ayme de Dordone (ChOg. 9674—79) *cosins l'arcevesques*
(Turpin ChOg. 10710, s. RMont. 147, 26: Turpins de Reins,
Verwandter des Renaut; ChOg. 9202. 9242: *cosins Ogier;*
Torpins de Rains Rol. P. S. 13; Trepin de raina Rol. V. IV
4171). RMont. 215, 20—22 ist Gerars de Rossillon der Onkel
Ogier's genannt. Als Verwandte des Ogier werden an dieser
Stelle angegeben: Unnaus d'Aigremont, *(arcevesques)* Turpin.

Von der Tochter des Guimers *(castelains du borc de Saint-
Omer)* hatte Ogier [2]) einen natürlichen Sohn Bauduinet (ChOg.
87; Orl. vgl. 96, 6), der als Knabe von Callos, dem Sohne
Karl's, zu Laon getötet wurde (ChOg. 89).

Nach EnfOg. 264. 268. 272. 7865. 7885 wird Baudouin
als Sohn Ogier's von der Mahaut, der Tochter des *chastelains
de Saint-Omer* bezeichnet. Abweichend von ChOg. wird der
Vater der Mahaut hier Hugo genannt. Vgl. (Uggeri li Da-

---

[1]) S. Einl. zu ChOg. v. J. Barrois. S. IV u. f.: Ogier, issu de Geoffroy, fils de Doolin de Mayence, et de Flandrine, fille de Turpin d'Ardennes
(M. Moné, Anzeiger, 1836, et Chron. de Mouskes, introd. t. II p. 250.
Bruxelles 1838. 2 vol. in 4°), était cousin de Charlemagne par sa mère
Beatrix, sœur de Berthe, femme de Pipin: il se trouvait neveu de Gérard
de Roussillon, comte d'Osterne (Austrasie) et haut-voué de Liège. (Chron.
de Mouskes I 248.) Adalbert, dont les trouvères ont fait Aubri le Bourgoing, était frère d'Ogier et cousin aux quatre fils Aymon; (Mousk. I,
205) il n'y a jusque là rien de scandinave, et la nationalité n'a encore
reçu aucune atteinte. Vgl. Rio Rajna. Uggeri li Danese, Rom. II 155 ff.
Barrois hält es für möglich, dass Ogier und Olivier dieselbe Person
gewesen sei; die Form Osigier habe sich in Olivier verwandelt.

[2]) Ogier li Danois, O. de Danemarche, O. l'Ardenois u. s. w. Vgl.
darüber J. Barrois. Einl. zu ChOg.

Zur Familie Ogier's vgl. die Ausführungen von J. Barrois in der
Einl. zu ChOg.: S. XXXVI—XXXIX.

nese) Rom. III 35 ff., wo die Mutter des Baldovino: Ermellina
heisst, dieselbe sagt III 37: *Ogier, marito mio,* ihr Vater war
nach III 50: Namo. In einer anderen Version wird die
Mutter Baldovino's: Floriamon genannt (III 51).
Am Schluss von ChOg. v. 13031 heiratet Ogier eine
heidnische Königstochter, welche sich mit sechszig anderen
heidnischen Mädchen hat taufen lassen. Diese sechszig Mädchen verheiratete Karl mit seinen Rittern. In Orl.
heisst es 25, 36. 46, 17: *Dodon, figluol de Danese.*

In verwandtschaftlichem Verhältnis zu Ogier stand Berars
de Mondidier (eine in den Epen häufig genannte Person),
welcher Art aber diese Verwandtschaft war, ist aus den Angaben der Epen nicht klar zu ersehen (Berars *cosin* Ogier.
ChOg. 6339. 9674—79, s. auch 9539). Gaufr. 54 sagt Doon:
Berart mon neveu du Mont Didier.

Der Vater des Berars ist Tierri d'Ardane [1]) (Tiéris,
Tierris l'Ardenois, li Ardenois, Teiris, li Denois Tierris;
RMont. 395, 14. 140, 16; ChOg. 978. 5178. 6338—39. 7548;
Sax. 44, 3. 49, 12. 66, 7; GBourg. S. 28. 86. 121; HBord. 1376;
Fier. S. 13). Der Herzog Huidelon (s. S. 44) war nach
EnfOg. 1110 der Bruder des Tierri. (Vgl. zu Tierri: La
Geste des Lorrains, unter Geoffroy d'Anjou, s. später).
Berart *le danzel* war der Bruder der Rissens, welche den
König Lohaut de Frise (Loot le Fris, Loholz le Frison)
zum Gemal hatte (Sax. 77, 5; vgl. auch 53, 20. 66, 8. 76, 15. 78.
S. 133, 10. 172, 35). Wahrscheinlich ist dieser Berars mit
Berars de Mondidier identisch.

Galopin, *nes d'Ardane,* ist als Sohn des Tieri und Bruder
des Berrars genannt: Elie 1180—82. 2580. Galopin heiratete
die Rosamunde (s. später).

Als Söhne Tieri's werden auch bezeichnet Jaides (Gaudins) und Ponches (ChOg. 3705. 7131. 3947). Ponches war
cosins des Bertrans (Sohn des Naimes) (ChOg. 3585. 3589;
GBourg. S. 10. 22. 29. 58. 103. 107. 121, s. Gayd. 4844:

---

[1]) In EnfOg. ist Tierri, duc d'Ardenne, der Vorfahr der Herzöge
von Brabant.

Bertrans fix menres Naynmon. ChOg. 4637 sagt Bertrans zu
Ponchon in vertraulicher Anrede: *Tenés biaus frère).* Nach
ChOg. 4085 war Bertran *cosin Ogier.* Ein Verwandter dieses
Bertrans war wohl Lanbert le Berruier (s. GNant. S. 11:
Lambers de Berouiers; ChOg. 6353:

> Lanbert oncles estoit Bertrans le messagier;

vgl. noch ChOg. 12860; Sax. 21, s. 24, з. 25, 22. 238. 4, wo
Lambert erwähnt wird).

Über die Helissant (Sax. 7, 25. 14, 17:

> Berarz de Mondidier en a perdu le don)

erfahren wir, dass sie *niece* Lohot de Frise war (Sax. 23, 20).
Mit Berars war verwandt Raimondine, die Tochter des De-
siier, s. BComm. 365:

> Raimondine avoit non, fille fu Desiier,
> Estraite ert dou lignage Berart de Mondidier.

Desier [1]) begegnet uns ausserdem noch: RMont. 46, 14.
140, 13. 142, 32; ChOg. 3397. 4117. 4125 wird Desier's Vater
erwähnt, welcher (unter gewissen Bedingungen) von Karl
Lehen hatte; s. Agol. 152—154: *li bons vassal Richier* . . . .

> Cil estoit fiz au comte Berengier,
> Cosins estoit au bon roi Desier:

Fleurdépine (Flordespine), welche die Tochter des Heiden
Machabré war (s. später), hatte Berars zum Gemal. Bei
ihrer Bekehrung erhielt sie zu Taufpaten: Doon, Garin und
Salomon (Lionnet, ein Diener der Flordespine, wurde auch
getauft und erhielt nach seinem Taufpaten Salomon de Bretagne den Namen: Salomon *(le convers)* s. Gaufr. S. 275).
S. 278 erzählt der Dichter:

> Chele nuit jut Berars o la bele au cors gent,
> Li engendra la nuit .I. damoisel vaillant,
> Gautier de Hui ot nom, se l'estoire ne ment;
> En Rainchevax mourut avec le duc Roullant,
> Quant Guenes le vendi à la gent Tervagant.

In Berta (182—184. 685) wird Aquilon der Vater des
Herzogs Naimes genannt (Namle, Namlon, Naynmon, Naimon
de Baivier, Names u. s. w.; vgl. La Geste des Lorrains,

---

[1]) S. Hist. litt. XXII 463: Ermengart, fille de Didier, l'ancien roi
de Pavie, et sœur de Boniface, son successeur.

s. später). Nach EnfOg. (99) war Naimes der Schwager des Gaufroi und der Onkel Ogier's. Ein Bruder des Naynmon war Bueves, *li dus sens barbe* (ChOg. 4795; vgl. RMont. 22, 15: *li quens de Rossie*; Sax. 16, 23; RMont. 169, 19-20 erfahren wir von einem Bueves, welcher der Bruder des Garin de Coartois und des Salomon war.

Ausser Bertran hatte Naimes noch einen Sohn mit Namen Richiers (Gayd. 4844). ChOg. 10028 werden beide zusammen genannt. Ermellina war eine Tochter des Namo (s. S. 37); über Eustasse (Huitace) die Tochter des Naime s. S. 30. *cousin du duc Naimes le Barbu* war Henri, welcher zwei Töchter, Clarice und Avice, hatte (Geaufr. 140 - 42). Séguin, *duc de Bordeaux*, heisst *cousins Namlon* (HBord. S. 12). Ein Neffe des Names war Graindones (Grandoisnes; ChOg. 347).

2. Doons de Nantueil (Dos, Do, Doon) wird angegeben als Bruder des Aimes de Dordon, Bues d'Aigremont und Girart de Rossillon: RMont. 3, 35–38. 4, 1–3. 28, 12. 36, 24. Doon und Girart erhielten zu Gemalinnen die Töchter Henri's (s. unter Naimes), die ältere, Clarisse, heiratete Doon (Gaufr. S. 141). Doon hatte drei Söhne, welche von der Königin Blancheflor erzogen worden waren (Aye S. 81).

Garniers de Nentuel (Aye S. 5. 15. 17. 18 . . . .) war ein Sohn des Doon nach RMont. 143, 36; Aye S. 4. 5. 6. 7. 11. 71 u. s. w. Vgl. GNant. S. 1: Verwandter des Girart de Roussillon und Regnaut, ebenso Aye S. 6. 11.

Auboin sagt im Gespräch mit Garnier (Aye S. 6):

Vos estes de la geste as .IIII. fiz Aymon,
Qu'il getet a de France, et Maugis le larron.

Nach Aye S. 8 hatte Garnier zwei Schwestern, welche Sanson und Amauguin heirateten. Die Namen derselben erfahren wir nicht. Der Dichter scheint diese beiden Personen erfunden zu haben, um den Akt der Versöhnung zwischen Garnier und Berengier, dem Verwandten des Sanson und Amauguin, besonders hervorzuheben. Vielleicht war ein Bruder des Garnier der Aye S. 28 erwähnte Garin de Mascon, denn Fouquerant und Renier, die Söhne Garin's, werden die Neffen Garnier genannt. Vgl. Aye S. 28:

Renier et Fouquerant, fiz Garin de Mascon,
Et Aquart de Niviers et Thiebaut d'Arquenchon,
(Cil sont del parenté Garnier, le fiz Doon),

(s. ChOg. 702. 710. 9277: Richier, der Sohn des Acart de Rivier).

Aganors, eine Schwester des Garnier, war die Gemalin des *duc Othon* (Aye S. 90); ihr Sohn war Girars (Aye S. 10. Girars de Rivier. 57).

Von seiner Gemalin Aye d'Avignon (s. Ganor s. später) hatte Garnier einen Sohn Guyon (s. GNant. S. 1. 2. 3. 4 u. s. w. Aye [1]) war die Nichte Karls des Grossen; Gui, Guy, Guion, Guyonnet, Aye S. 6. 76. 77. 100. 105. 110. 111: S. 19: *Gui est parent le roi*; GNant. S. 2. 6. 19). Gui heiratete die Ayglentine (GNant. S. 94; vgl. S. 43: Tochter des Yon), welche ihm von Herviu streitig gemacht worden war.

Eine Tochter aus der Ehe des Garnier mit der Aye war Parise, die Gemalin des Raimons de Saint-Gile (Par. S. 1. 46; vgl. S. 46).

Aye S. 87 wird zusammenhanglos genannt: Gautier de Nentuel und Malissent *sa moillier*.

3. Der dritte Sohn des Doon de Maiance war Grif d'Autefueille (Griffon, Griffonnés Gayd. S. 156, Grifons de Hautefue(i)lle, Griffone d'Altafoglia, *di casa di Magança* Orl. 87,₅.

Innerhalb der bedeutenden Familie des Doon de Maiance spielen wiederum Grif und seine Nachkommen eine ganz hervorragende Rolle, und ihre Verwandtschaft ist weit verzweigt. In den meisten Epen nehmen Glieder dieser Familie einen grossen Anteil an der Handlung und gerade ihnen gebührt der Titel „Verräter". Handelt es sich um ihren eigenen

---

[1]) Über die Abstammung des Antoine ist folgendes zu sagen: Aye S. 2. 29: *Antoine dus d'Avignon*, Vater der Aye. S. ferner Aye S. 29. 33: Audegont *(la marchise)*, welche sich mit fünfzehn Damen in die Einsamkeit zurückgezogen hatte, sagt:

Antoine fu mon frere, li sire d'Avignon;
Or le ferai savoir Anseis et Droon,
Renier et Fouquerant, fiz Garin de Mascon
(Tuit cil sont mi cosin ne ja ne me faudront)
Et Achar de Mesines et Thiebaut de Chalon.

Vorteil, so kennen sie keine anderen Rechte und beben vor keiner Schandtat zurück; nur selten aber geht ihnen die Ritterlichkeit ganz verloren, selten werden sie vom Dichter als feig dargestellt. Ja, bisweilen liebt es der Dichter auch, uns einen besseren Zug derselben vor Augen zu führen (vgl. z. B. Aye S. 38), doch sehen wir zugleich oft wieder eine Hinterlist dabei.

Als der Urahn aller Verräter wird Kain hingestellt; s. z. B. Aye S. 86:

> Voirement estes vos du lingnage Chaïn.

Grif vermälte sich mit Fauquette, der Tochter des Heiden Guitant (Gaufr. S. 71. 121; vgl. später); ihr Sohn ist Ganelon (Ganes, Guenes, Guenelon; RMont. 39, 12; Fier. S. 137; Aspr. Hist. litt. XXII 311). Ausser Ganelon hatte Grif noch eine Anzahl von anderen Kindern. Zunächst war ein Bruder Ganelon's: Thiebaus d'Aspremont (Gayd. S. 1. 29), und dessen Bruder wiederum war Milon (Gayd. S. 34). Gaufr. (S. 37) berichtet uns von vier Söhnen des Grifon:

> Chil Grifon dont vous di .IIII. fis engendra:
> Berenguier et Hardré, que durement ama,
> Alori et fel Guenes, qui moult grant mal brassa.

Eine Schwester des Ganelon, deren Namen wir nicht kennen, war die Gemalin des Macaire de Lion (Fier. S. 173). Ganelon war nach GBourg. (S. 23. 48. 89) der zweite Gemal der Gile, einer Schwester Karls; von ihr hatte er einen Sohn Baldewins (s. S. 20). Andere Söhne Ganelon's waren Berengier (Berauger, Berangiers) und Sanson oder Senes (Aye S. 2. 48. 66; Fier. S. 137). ChNym. S. 66. 67. tritt ein Enkel des Ganelon, Berengier *(le petit, li filz Berangier)*, auf. Auf der ersten Seite des GNant. lesen wir: *Berengier niez Guenelon;* vielleicht ist damit der Sohn des Berengier gemeint (s. Einl., über die Verwandtschaftsangabe zwischen Enkel und Grossvater).

Berengier, der Sohn Ganelons [1]), hatte eine Tochter, deren Gemal Hertaus war. Vgl. zu Hertaus. Gayd. 4170 ff.

---

[1]) Ganelon war der Onkel des Hoelz de Nantes (GNant. S. 26. Hoel.; ChOg. 5150 Hunalt, Huneaus, Hoiaus u. s. w. *Hoel cousin Riol.* Fier. S. 146; Gar. II, 163 wird Hunaus de Nantes der Vater eines Salemons genannt.

Niés fu Hardré, Ganelou et Rahier,
Couzins Macaire, Amboyn, Manesier
Fame ot li fel, fille au duc Berangier,
Couzine Gayde et Naynmon et Ogier.
.l. fil avoit li fel de sa moillier,

. . . .

Der Sohn des Hertaus war Savaris (Gayd. 4291). Vgl.
noch Par. S. 46:

„Il i ot do linage Beranger et Ardré,
„Sanson et Ganelon, et l'autre parenté.

S. auch Gayd. S. 39.

· Jehan de Lanson war der Enkel des Griffon d'Autefeuille
und Neffe Ganelon's. (S. Jehan de Lanson. Hist. litt. XXII 569.)

Dem Hause Ganelon's gehört auch an nach Gayd., Gaufr.
S. 121 und GBourg. S. 1. 57 der König Foré (Forre, Forrés,
Fourré). S. Gayd. 4065—66:

Fourré et son neveu, l'orgoilloz Forqueré.

Vgl. über Foré: Rol. O. (Gautier) Anm. zu v. 1775;
Chevalier au Lyon 595 und Anm.; G. Paris, Histoire poétique
de Charlemagne S. 263. S. endlich noch Ausg. u. Abh. LI 24
unter Forrés.

Zur Verwandtschaft des dritten Sohnes des Doon de
Maiance gehörten eine grosse Anzahl von Rittern, unter denen
sich ein genauer Zusammenhang durchaus nicht feststellen
lässt, da die Dichter in der Angabe ihrer Beziehungen zum
Stamme Ganelon's meistens sehr willkürlich verfahren. Im
Heft LI der „Ausgaben und Abhandlungen" (Ernst Sauerland:
„Ganelon und sein Geschlecht im altfranzösischen Epos".
Marburg 1886), welches erschien, als meine Arbeit schon
beinahe fertig war, sind alle verwandtschaftlichen Beziehungen
dieser Familie behandelt und in einem alphabetischen Ver-
zeichnis angegeben worden, es würde deshalb nur eine Wieder-
holung sein, wollte ich meine Resultate hier anfügen, und ich
verweise an dieser Stelle auf die genannte Publikation. In
den kleineren Cyklen sind über die Angehörigen zu Ganelon's
Geschlecht ebenfalls nur solche Angaben gemacht, welche der
Zusammenhang der Arbeit erforderte.

4. Ein vierter Sohn des Doon de Maiance war Aymes de Dordon (RMont. 3, 35—38: Bruder des Doon de Nantueil, Girard und Beuves) — Aimon, Haymes u. s. w. — Die vier Söhne des Aimon waren: Richars (RMont. 46, s. 107, 9), Guichars (46, 3, Gayd. 1278: Guichars et Hardrez, et bien LX. de lor lyngnaige né), Aalars (RMont. 46, s. 285, 19) und Renaus (46, s. GNant. S. 22; vgl. auch RMont. O. S. 10, S. 11. 12. F. 54ᵃ, S. 14. F. 56ᵃ, 16. F. 57ᵇ, 17. F. 58ᵇ u. s. w., Aelart, Renalt). Aïe ist RMont. 132, 2 die Mutter des Renaus genannt. Renaus hatte zur Gemalin Clarisse (RMont. 111, 38. 114. 115, 34. 170, 9) *li soror roi Yon*[1]) (Yus de Gascoigne s. früher). 117, 10 heisst Clarisse: Aelis. Aymonet und Yon waren die beiden Söhne des Renaus[2]) (RMont. 170, 13. 224, 19. S. RMont. O. 28. F. 66ᵇ. *Yunet fillol rei Yeus* 31. F. 69ᵇ). Milon stammte nach Orl. aus dem Hause Chiaramonte und heisst der Bruder des Girardo di Ronciglione (Orl. 196, 8), des Amone, Ottone, Buovo d'Agrismonte und des *papa chiamato Leone* (Orl. 25, 33). Rinaldo, der Sohn des Amone (Orl. 13, 12. 25, 35. 26, 5. 119, 39), war nach Orl. der Bruder des Guiccardo, Alardo und Ricciardetto (Orl. 98, 23. 101, 7.

---

[1]) Den Yon kennt auch „Aiol", doch wird er hier nur einmal erwähnt (2066). In GNant. wird von Esglantine (Ayglentine S. 17), der Tochter des Yon de Gascogne (S. 14) erzählt (GNant. S. 55: *cousine germaine des abbé de Saint Denis*). Auf der Reise begleiten sie 100 Ritter (und zwei Mädchen. Jehenneite und Martine). S. S. 19:

A Hervieu du Lyon viennent li mesagier
Qu'Aylentine est venue, la nieche au roy Gaifier.

S. 25: Bele, d'ont estez vous? dist Kalles au vis fier.

— Biau sire, de Gascoigne, si sui nieche Gaifier
„Et fille au roi Yon qui moult vous avoit chier,
„Et si sui suer Hernaut, .l. vostre chevalier.
„E[n] Raimchevax fu mort, j'e[n] ai grant encombrier.

S. 26 nennt sie Enguelier ihren Onkel. (Yun, Yeus de G.: RMont. O. S. 10 F. 53ᵃ, 16. F. 57ᵇ, 17. F. 58ᵃ).

²) S. Hist. litt. XXII 708: Le personnage de Bradamante, sœur de Renaud, semble être entièrement de l'invention des Italiens, si ce n'est que le nom de la femme de Marsile, .Bramimunde, peut avoir fourni la première idée de cette autre héroïne.

246, ₃₆). Die Mutter des Rinaldo ist Beatrice genannt (100, ₈₉. Astolfo — s. unten — war *cugino Rinaldo* 56, ₁₉. 92, ₁₁ u. s. w. Vgl. noch die widersprechenden Angaben 63, ₃₆. 208, ₂₀: Orlando, *figliuol d'Amone* und Alardo *fratello di Astolfo*). S. Rom. IV 411: Riccardo d'Ormendia, *cugin di Rinaldo d'Amone*. Der Gemal der Gismonda wurde nach (Rom.) IV 400—401 Ricciardetto; er hatte von derselben Zwillinge, welche von einem Greif und einem Adler geraubt wurden. Der eine wurde zu Marsilio, der andere zum Kaiser von Konstantinopel gebracht und sie erhielten die Namen Grifone und Aquilante. In einer anderen Version sind Aquilante und Grifone die Söhne des Ulivieri (s. Rom. IV 420).

Mit Renaus verwandt waren: Huidelon (Widelon, Guidelons, Videlom, Ydelon, Ydles. RMont 146, ₂₆. 129, ₂₃. 225, ₂₈ u. s. w. ChOg. 128. 1096. S. S. 37); Estolt *le fil Odon* (RMont. 140, ₁₂. 155, ₉. 147, ₂₃. 267, ₁₅. — S. später). Richart de Ruem (*cosin de Renaut* RMont. 147, ₂₂. Chog. 12692. Gayd. 5362) CorL. (1390. 1428. 1454) tritt ein Sohn des Richart de Roan auf, den man zum König machen wollte.

5. Beuves d'Aigremont war der fünfte Sohn des Doon de Maiance (Bues, Bué, RMont. 2, ₁₁. 5, ₄: Bruder des Aymes, Doons de Nantueil und Girard de Rossillon). Beuves war der Vater des Vivien l'Esclavon (s. Doon S. 4) und dessen Sohn war Maugis (Doon S. 4, s. RMont 1, ₁₇. 3, ₃₅–₃₉, 4, ₁–₃; 98, ₄. 125, ₁₀: *cosin des quatre fiz Aymon*; 126, ₃₆–₃₇ sagt Renaus zu ihm: *Biaus nies*; Amaugis 98, ₃₅. 125 u. s. w.). Nach Maugis d'Aigremont (Hist. litt. XXII 700) war Vivien der Zwillingsbruder des Maugis.

6. Der sechste Sohn, Othon, hatte zwei Söhne: Yvoire und Yvon (Doon S. 4). Yve und Yvoire sind CorL. 560 bis 64 unter den zwölf Pairs genannt. Von seiner Gemalin Aganors (s. S. 40) hatte er einen Sohn Girart (Aye S. 65, der Neffe des Garnier). Ferner waren Kinder des Königs Othes: Astolfo (Orl. 13, ₁₂: *figliuol del re Ottone*), Dame Hermenjart (s. später) — und Girars d'Espolice (s. S. 32) = Girart —

7. Ripeus, der siebente Sohn, hatte zur Gemalin eine Schwester Karls (s. S. 21). Sein Sohn war Anséis (Doon S. 4).

8. Über den achten Sohn, Sevin de Bordele, erfahren wir näheres in HBord. Sevin hatte zwei Söhne Huon und Gérard (Doon S. 4; Sewin, Seguin). Ein Bruder des Seguin war Macaires, .*l. traîtres prouvés*; s. HBord. 3680, wo Auberi zu Huon sagt:

> Là est Macaires . . . .
> . . . .
> Il est tes oncles et fu en France nés,
> Frere ton pere, c'est fine verités:
> Guillaumes fu dedens France apelés.

Derselbe wurde Heide (HBord. 4169).

Der *senescaus* Oedon (Eudes, Ouedes, *le traîtel*), welcher bei Macaire in der Wildnis lebte (HBord. 4092. 4169. 4386) wird der Onkel des Huon genannt (4251, s. auch HBord. S. 127). Guinemer de Saint Omer hatte eine Tochter Sebile, von welcher es HBord. 4746. 4830 heisst:

> Nieche Sewin, de Bordiax la cité.

HBord. 2501 heisst Huon der Neffe des Apostels von Rom. Huon, der ältere Sohn Sewin's, hatte zur Gemalin Esclarmonde, die Tochter eines heidnischen Königs Gaudisse (HBord. 2342; s. später). Huon hatte nach HBord. S. 93 eine Tochter.

Gérard raubte seinem Bruder Hugo während dessen Abwesenheit das Land; später fand er die Strafe für seine Freveltat. Gérard heiratete die Tochter des Verräters Gibouard (HBord. 2460). Zu dem Hause Bordeaux hatten Beziehungen: Garins de Saint Omer, *cousins l'apostoile de Romme* und Verwandter des Huon (2561. 2713—16. 2804) s. 2780—81: *ai fame et biax enfans*; ferner: *de Cluigni l'abé* (HBord. S. 19, s. GNant. S. 11:

> Primerains a parlé li abbes de Clugni;
> Chil fu nés de Coulongne, fix le duc Amauri)

sagt HBord. S. 20 zu Huon:

> Savins vos peres fu mes germains cousins.

S. 21 redet er Huon *niés* an.

Guichars (*de Cartres nés*) war mit Huon verwandt (2387).
Ein alter Diener des Seguin war der *prévôt* Guirré de
Gironville (*frere de Geriaume* HBord. 3049).

9. Der neunte Sohn des Doon de Maiance war Peron,
der Vater des Oriant. Ausser diesem hatte Peron noch
sieben andere Kinder: le chevalier o chisne mit den fünf Ge-
fährten und eine Tochter. Aus dieser *lignage* stammte
Godefroi de Billon (Doon S. 4; s. später).

10. Morant de Rivier war Doon's zehnter Sohn. Er war
der Vater des Raimon de Saint Gilles. Raimon's Sohn war
Hugo (Doon S. 4) — s. ChOg. 5013. Par. S. 1 —, von der
Parise, der Tochter Garnier's (s. Par. S. 45). Par. S. 2 will
Berengiers den Raimon veranlassen, seine Tochter zu heiraten;
dieses erfüllt sich, doch es misslingt ihm, für sich die Parise
zur Gemalin zu erhalten. s. Par. S. 1. 58: Hugo, der Sohn
des Rammont[1]) und der Parise, König von Ungarn, war der
Pflegesohn des Königs von Ungarn und heiratete dessen
Tochter Sorplante (s. später). Par. S. 4 lesen wir, dass
Bueves, welcher als Kind vergiftet wurde, der Bruder des
Raimon war. Vielleicht hatte Morant einen Sohn Hardoyn,
denn Gayd. 4521 ff wird erzählt, dass Savaris zwei Verräter
tötete:

> C'est Hardoyn et son pere Morant
> Si couzin furent et si apertenant.

(Es scheint diese Annahme jedoch nicht zweifellos zu sein). (S.
noch ChOg. 6339: Morans de R. *cosin Ogier*; Gayd. 7400—7401:

> Gautier, couzins germains fu Morant de Rivier).

11. Über Hernaut de Giron, Doon's elften Sohn (Doon
S. 4) s. S. 29.

12. Der zwölfte Sohn endlich war Girart de Roussillon[2])
(Gerarz de Russillon, Doon S. 4). RMont. S. 1. 3, ss ist er

---

[1]) Über eine Tochter des Raimon vgl. unter Mauvoisin s. später.

[2]) S. Hist. litt. XXII, 167 ff.: On trouve, dans les romans carlo-
vingiens, trois personnages de ce nom: Girart de Roussillon, Girard de
Vienne et Girard de Fretta ou de Freda. Ces trois personnages poétiques
dérivent tous d'un seul et même type historique. Ein Girard scheint
„duc de Bourgogne, comte de Roussillon" gewesen zu sein. Seine Vor-
fahren waren dem Anschein nach germanischen Ursprungs.

der Bruder des Aymes, Doon und Beuves genannt. Girart
heiratete die Avice (jüngere Tochter des Henri, vgl. S. 39).
In RMont. finden wir mehrere Neffen des Girart angegeben:
Ponçon de Clarvent (RMont. 32, 1), Foucon et Enguerrant
(RMont. 36, 0; Enguerran-d'Espolice, Engerrans. RMont.
4, 36. 5, 1. 5, 25). Par S. 20 heisst es: *Bueres fil Girart.*
Vielleicht war derselbe ein Sohn des Girart de Rossillon.

c. Anhang.

Doon hatte ausser diesen zwölf Söhnen vielleicht noch
mehrere Kinder, welche aber wahrscheinlich nicht aus dieser
ersten Ehe stammten: s. ChOg. 528:

Droom [1] le viel et son frère Moraut:

(vgl. RMont. 424, 20; ChOg. 133. 340: Droon de Poitier (de
Rivier); Agol. 1145).

Den Renier (de Vatemise Gaufr. S. 142) nennen die
Herausgeber des Gaufr. (s. Sommaire XXXIV) den Bruder
des Gaufrey. Es scheint diese Verwandtschaft jedoch nicht
ohne Zweifel zu sein, denn nur S. 143 redet Gaufrey den
Renier mit *frere* an.

"Biau frere, aler m'en voeil droit à Nantueil le chier
"Que j'ai donné mon frere Doonet le guerrier.

Wenn Gaufrey und Renier wirklich Brüder gewesen
wären, so hätte Gaufrey wohl gesagt: nostre frere Doonet.
Es liegt also die Vermutung nahe, dass Gaufrey des *biau
frere* nur in vertraulicher Anrede sich bedient. Ob Guinemers
(*oncle de Ganelon*: RMont. 66, 3) einer der Söhne des Doon
de Maiance war, ist unsicher.

In einer Variante der chanson d'Antioche (I 101) wird
Andrius, ein Bruder des Aimon, angegeben.

---

[1] Droon und Doon ist wohl nicht derselbe Name, denn ich fand
nirgends, dass anstatt Doon de Maiance und Doon de Nantueil: Droon
de M. und Droon de N. geschrieben ist.

Vita.

Natus sum, Julius Determann, d. XXI. mensis Augusti anno MDCCCLXII patre Christiano, matre Dorothea e gente Vogeley, quos superstites esse adhuc laetor, Nortrup, quod oppidum situm est ad Bersenbrück in provincia Hannover. Fidei addictus sum Evangelicae. Primis litterarum elementis imbutus in scholis Bramsche et Diepholz oppidorum, in quibus deinceps pater meus munere suo gerendo aliquamdiu habitare cogebatur, anno MDCCCLXXIV gymnasio reali Osnaburgensi susceptus sum. Anno MDCCCLXXXII maturitatis testimonio instructus studio linguarum recentium me dedi per quinque fere annos in universitatibus Monasterio Guestphalorum, Berolinensi, Gottingensi. Audivi lectiones virorum doctissimorum Körting, Scherer, Zupitza, Kiepert, Bresslau, Paulsen, Lasson, Vollmöller, Napier, A. Wagner, H. Wagner, Gœdecke, Heyne, Baumann, G. E. Müller, Andresen. Beneficio Vollmöller et A. Wagner professorum seminariis ab iis rectis per duos annos interfui. Omnibus quos nominavi viris doctissimis, qui studiorum meorum adjutores fuerunt, gratias ago et habebo quam maximas.

Die Fortsetzung dieser Arbeit wird demnächst im Verlage des Herrn Hettler in Berlin erscheinen.

———— ❦ ————

Druck von A. Hopfer in Burg.

Pepln (Gem. 1. Berte, 2. Blancheflor.) ⟶

1. Galiene. 2. Blancheflor. 3. Helissant.) ⟶

Gem.
(Elie) Ysabel   Looys (Gem. Blancheflour)

Gem.	Gem.	Gem.
enoart)	Aslais (Raoul Taillefor)	Marie (Hugo Capet)

Lusiane   Charles   Robert

Gem.	Gem.
Sw. (Murgafier de Portingal)	Sw. ? (Raimbaut le Frison)

Loihier   Flandrine

Regis (Glossar zu Bojardo p. 448; und: Val. Schmidts

Anseaume de Blois (Gem. Germaine)

.ne   Yon Clarisse
r) |
                S. später.

Blancheflour (Gem. Looys.)   T.²) ⟶

    Marie   Gautiers de Toulouse

            T. (Gem. Huon de Floriville)

iit   Foulque de Candie.

G9.

    Tochter

⟶

0. Tochter (Gem. Sauson) 7. Tochter (Gom. Amauguin)

⟶

Aymes de Dordone (Gem. Aie)

em. Clarisse) Aalars Richars Guichars